文學與音樂中的哲思

情緒認知與人際互動

薛清江　著

麗文文化事業

■ 國家圖書館出版品預行編目(CIP)資料

文學與音樂中的哲思：情緒認知與人際互動 / 薛
清江著. ― 初版. ― 高雄市：麗文文化，
2019.08
面；　公分
ISBN 978-986-490-163-0（平裝）

1.通識教育 2.高等教育

525.33　　　　　　　　　　　108013472

文學與音樂中的哲思 ： 情緒認知與人際互動

初版一刷・2019 年 8 月　初版二刷・2020 年 1 月

著者	薛清江
發行人	楊曉祺
總編輯	蔡國彬
出版者	麗文文化事業股份有限公司
地址	80252高雄市苓雅區五福一路57號2樓之2
電話	07-2265267
傳真	07-2264697
網址	www.liwen.com.tw
電子信箱	liwen@liwen.com.tw
劃撥帳號	41423894
臺北分公司	10045臺北市中正區重慶南路一段57號10樓之12
電話	02-29229075
傳真	02-29220464
法律顧問	林廷隆律師
電話	02-29658212

行政院新聞局出版事業登記證局版台業字第5692號

ISBN 978-986-490-163-0

麗文文化事業

定價：220 元

目　錄

序言

一朵小花的故事

在科技大學通識課程裡開設跟「情緒」（emotion）相關的哲學選修課，是件吃力不討好的差事。筆者原本的想法很單純，構思課程的過程中一直浮現學生時代讀過的一篇名叫〈一朵小花〉（收錄於《歸回田園》）的散文，內容節錄如下：

有一個小故事說，一個生性慵懶邋遢的人，生活凌亂，邊幅不修，居處不堪入目。一天，有一位朋友送給他一束鮮花，他靜靜地欣賞那束花朵，覺得美極，便找出了塵封已久的花瓶，洗擦乾淨後，將花朵插起來。但桌上積滿了塵垢，擺上鮮花很不調和，於是便將桌子收拾清潔。但四顧屋內蛛網塵封，穢物雜陳，與桌上鮮花成為強烈對照，便開始整頓室內環境。室內整頓好了以後，看看院中亂草叢叢，垃圾處處，也覺不妥，便將四周也力加清除。然後覺得心中非常舒暢，但攬鏡一照，發現自己囚首垢面，衣衫襤褸，與整潔的環境，美麗的鮮花截然不配，只好再將自己梳洗修飾一番。最後，由於這一束花朵，使他整個的環境與人都更新了，美化了。而且由於外在的改變，也影響了他的心靈，使他在無形中接受了一個嶄新的人生觀。從一個頹唐慵懶的廢人，一變而成為一個奮發向上的青年了。（殷穎，2007）

學生時代讀的東西大部分在考試完後就忘光了，這篇文章印象特別深的原因在於：

當找到真心喜歡的美好事物時，人們會不惜成本地投入時間和心力。同時，我們也願意為了它來改變自己，這樣的互動過程除了讓生命質感大不相同外，更可能成為生命低潮時的好夥伴。

　　雖說「江山易改，本性難移」，但是，因為「一朵小花」的出現，鬆動了這個說法。對許多同學而言，目前最重視的事物莫過於手上的智慧型手機；為了它，你會不惜花錢為它包膜、添購各式各樣昂貴配件。走在路上，可以看各具特色手機殼和吊飾，像是 Hello Kitty 或海賊王的動漫圖像，有的甚至還繫上保平安的護身符或神像貼紙。當然，除了手機之外，也有同學因為交了男（女）朋友或參與某個社團活動而開始改變，不管是什麼，對於學習習慣和性格已經快定形的大學生而言，都是一種難得的機緣。我就有位朋友因為喜歡喝咖啡而入手了一臺約五萬元的義式名牌咖啡機，搬回家後發現電壓是吃 220V 的，因此，花了一萬多元請水電工拉專線使用。用一陣子後發現機器所在位置沒有水龍頭，沖洗杯盤器具時十分不便，因此又花了三萬元請木工作了一個專用的吧檯。用了一陣子後，又發現磨豆機磨的刻度不夠細，得再添購高檔磨豆機，前前後後燒錢不斷！看到很多年輕人買了機車後改來改去的，發現「一朵小花」其實是「燒錢敗家」的錢坑，但在與它互動的過程中還是有許多看不見的轉變發生中，或是騎著它環島領略臺灣之美，或是與好友同行，共度青春好時光。

　　黃春明先生在《等待一朵花的名字》提到停歇駐足詢問一朵小花

的難處。在一切講究實用、效益的臺灣社會中，因為看到一朵美美的小花而想知道名字，會被當作吃飽太閒的變態，甚至被罵「垃圾」：

> 社會基層的大眾，仍然把勞動叫做「骨力」，出外工作
> 說成「出外討吃」或是「賺吃」，努力叫做「打拼」等等。
> 不難從這些生活語言中，意會到當時的生活形態，要求個溫
> 飽確實不容易。所以每一個家庭，只要有勞力成熟，就投入
> 農業的勞動生產。在全面的生產線上，誰的工作能力強；擔
> 子挑得最重，稻子割得最快的就是強者。誰的工作能力低，
> 誰就是弱者。有誰遊手好閒，不事生產，還要占人便宜的人，
> 就叫做「垃圾人」。那一朵美麗的花，之所以叫做「垃圾花」，
> 也是同樣的道理吧。（黃春明，2009：53-54）

在臺灣經濟尚未起飛時，老一輩歷經連飯都吃不飽的物質匱乏，「貧窮意識」根植於心，而對於有些窮到三餐吃吐司泡麵的學生而言，眼前的打工、就業現實問題才是當務之急，花錢買書或唱片是種浪費錢的行為。然而，筆者發現許多人在經濟好轉之後，仍然無法揮別之前的貧窮意識：明明經濟能力足以負擔起更有品質的食物，卻總是捨不得冰箱中放到臭酸的隔夜菜；存款簿的錢其實夠自己偶爾去旅遊敗家一下，想到賺錢不易及之前缺錢的陰影，只好一忍再忍，並將口袋多打幾個結。不是說這樣的節省美德不好，而是怕一旦這樣的思維附身後，生活視野將不斷地限縮，而許多美好的事物也從此無緣。

對於筆者而言，「文學」和「音樂」一直是生命中的良伴，它們分別在各個不同生命階段扮演著「一朵小花」的功能。這幾年的教學過程中發現，愈來愈多的同學對於外在事物完全無感，問他們特別喜歡哪些事物或活動，則幾乎回答不上來。對於這種無感狀態，是否可以透過一門課來啟發同學們的情緒敏感度？而一旦對自身的情緒有所覺知，人生會不會有所轉變？本書將嘗試指出：情緒不單單只是一種知覺或是心理狀態，它是個人與世界「交戰的策略」或「存在的解讀」，蘊藏許多跟個人幸福與生命意義有關的洞見！

　　基於上述的開課動機，本課程希望透過「文學」與「音樂」這兩種具感染力與穿透性的「導體」來驅動同學們的情感敏感度與人際互動能力。人不是絕緣體，只要透過適切的媒介，在某個機緣下每個人都可以找到自己的一朵小花，並過一個生氣盎然的美好人生。

參考文獻

1、殷穎（2007）。《歸回田園》。臺北：道聲。

2、黃春明（2009）。《等待一朵花的名字》。新北：聯合文學。

第一章

導論：培育情緒覺察力

一、文學／音樂／情緒敏感度

這門課曾經開設多年，雖然每學期都自認全力投入備課和教學，卻總是抓不到與修課同學們互動的節奏，常常陷入一種「阻力重重」的情境。

在教學過程中，當一位教師精心設計與投注大量心力的課程內容送不到學生端時，究竟是教學內容有問題，還是學生端這邊有什麼沒有留意到的關鍵因素？根據以往比較成功的上課經驗來推斷：如果課程內容有打動到學生，是可以看到同學們眼睛發亮與神情專注；而相較之下，這門課在教學互動過程中則較感受不到同學的反應，甚至得常面對他們無感的被動學習心態。

基於個人對音響的喜好，習慣地會聯想到擴大機和喇叭匹配對應的關係。要把喇叭推得好，先得確認它的阻抗高低，然後再來考慮擴大機的功率大小。依筆者有限的使用經驗，低阻抗的喇叭很難推動，需要大功率的擴大機才能推出好聲（當然也有例外）。同學常用的耳機也有類似的情況，一般手機附的很好推，至於有些比較講究的名牌像 Beats 或森瑟海爾，則還得外加耳擴才能發出好聲。類比來看，在教學場域中一位教師要把某個理念推到學生身上，若是同學的學習動機很低的，似乎需要更大的力道來推才行。只是，人和耳機畢竟完全不同，機器的問題比較好解決，但與「人」有關的教學就複雜多了！

仔細想過後，問題有兩個面向：一則，可能是我多準備的專題對

同學而言是無感的，而真正問他們哪些文學或音樂他們是比較有感的，也找不出一個比較確切的答案；二則，筆者漸漸發現同學們無感的背後，其實牽涉到他們對自己情感認知上的不足與不知如何與他人互動的困境。蘇珊‧大衛強調：情緒的敏感度有助於我們跳脫情緒的「鉤」（hook），她以電影劇本成敗的關鍵在於能不能鋪陳一個吸引目光的衝突點，好讓觀眾一集接一集欲罷不能地看下去。每個人其實也有自己的人生劇本，有時候我們會「卡」（stuck）在某些自我挫敗的情緒而當下難過。因此，她提醒我們：

> 愈來愈多研究顯示，這種執迷於不適當的想法、感覺和行為的情緒僵化反應，和許多心理疾病關係密切，包括憂鬱症和焦慮症等。另一方面，情緒靈敏力，也就是無論思考或感覺都能保持靈活敏銳，對日常生活的情境產生最理想的反應，則是我們能否幸福成功的關鍵。（蘇珊‧大衛，2017：12）

如果文學閱讀與音樂的聆聽都無法送到學生身上時，或許可從提升「情緒認知」與「人際互動」來鬆動他們的學習阻力！套用坊間暢銷書《被討厭的勇氣》中的對話如下：

> 哲學家：會感到孤單寂寞，並不是因為只有自己一個人的緣故。當你實際感覺到那些原本圍繞在你身邊的社會、團體還有其他人，竟然將你排除在外，那才是真正的孤獨。我

們就算要感受孤獨，也需要其他人的存在。換句話說，人，只有置身於社會脈絡中，才能稱為「個人」……

年輕人：可是老師，如果把您剛剛的話換一種說法，是不是就表示「如果可以自己一個人生活在宇宙中，煩惱就會消失」呢？

哲學家：理論上是這樣沒錯。總之，阿德勒斷言「人類的煩惱，全都是人際關係的煩惱」。

年輕人：您說什麼！！

哲學家：要我說幾次都行，「人類的煩惱，全都是人際關係的煩惱」，這是阿德勒心理學的基本概念。如果人際關係從這個世界消失了，也就是宇宙中真的只有一個人，完全沒有其他人存在，所有煩惱應該也會跟著消失了吧。（岸見一郎、古賀史健，2014：75）

不知同學認不認同上述的命題，以及「心理創傷並不存在」的主張？筆者對這兩個命題持保留的態度，因為書裡所提供的解答實在太萬能（阿德勒簡直就是《解憂雜貨店》的店長），是否適用於每個人的具體情境與生命型態，仍需更細緻的辯證討論才行。因為從情緒的角度來看，個人身心的獨特性似乎被忽略了，並高估了個人走出心理創傷的能力。以談論校園霸凌的美劇《漢娜的遺言》為例，阿德勒在世是否能勸得動漢娜不要走上自殺這條路？從故事裡漢娜的角度來看，她在每卷錄音帶交待不想活的理由不斷地堆疊，幾乎是超出一位

女高中生的極限了，而當如此多的負向情緒累積，結束生命好像是最好的解脫方式；以觀眾的立場，或許是「旁觀者清」的緣故，似乎還有些可能，例如：轉校再等一段時間後，創傷帶來的自我毀滅的強度會減弱些也說不定。或許，漢娜所認識的底限其實不是底限，不過我們不是她，又怎能了解她內心的沉重與無力，甚至可以承受壓力的底線在哪？

不過，引文倒是指出「孤獨」與「他人互動」的必要張力：我們既無法單獨面對自己，又渴望在人際關係中得到肯定。對於情緒容易隨著他人評價起伏的同學而言，常常會因內心某些莫名的渴望受挫而陷溺空轉。或是身處團體之中得不到他人的認同而心情低落；有時候則是過去的創傷陰影妨礙了良性的人際互動，並長期卡在負向的情緒漩渦之中。對此，筆者欲指出，除非情況真的嚴重到需求助專業心理醫師，否則大多數人透過情緒覺察力和反思力，仍可靠自力掙脫「情緒陷阱」！

二、文學與音樂在人生中「可能」扮演的角色

曾有同學好奇問道：既然上課沒反應，為什麼還要堅持開這門課？反正科大學生本來就不喜歡閱讀或其他人文類的東西，硬要他們接受相關的專題，有可能只是自找苦吃而已！況且閱讀或聽音樂這些習慣早就在國、高中職時就已定形，大學通識教育再怎麼用力教，能改善的部分有限，堅持開課會不會只是筆者自討苦吃或偏執症發作？

以上顧慮，筆者都曾認真考慮過，也幾度想放棄；只是，通識教育真的要因為短期看不到成效就認定它不可行？如果說通識教育具有拓展人生視野的功能，那麼，整個教學目標還是要放遠些，並拉長時間來印證。王家衛電影《一代宗師》有句臺詞是這樣說的：

念念不忘，必有迴響！

這並不是一句自我安慰之語，而是人文教育的提點：關於人的培育的迴響無法預期，需要教師「念念不忘」地堅持！書教了這麼多年，當然知道多數同學們除了在考試要求下才讀書，平常是沒有人會專心看書和聽音樂的。再加上手機的干擾，要激發大家的主動學習意願，可說是「不可能的任務」！不太確定該課程在短時間對他們是否「有用」，因為就業升學取向的教育制度完全破壞掉文學與音樂欣賞的樂趣；只能說，就生命長期且持續的累積歷程，如果他們願意敞開心胸接納這些看似無用的東西，文學和音樂「可能」扮演底下幾個角色：

1、閱讀文學作品時所產生的「化學反應」，有助於認識自己

筆者迷上閱讀是從國中逃避考試升學的壓力開始，並在金庸的武俠世界中找到喘息的空間。透過想像力的投射，苦悶年少歲月開始變得很有色彩，紛擾的情緒也有了宣洩的出口！讀者與作品人物間的互動，金庸如此描述道：

> 讀者閱讀一部小說，是將小說的內容與自己的心理狀態結合起來。同樣一部小說，有的人感到強烈的震動，有的人卻覺得無聊厭倦。讀者的個性與感情，與小說中所表現的個性與感情相接觸，產生了「化學反應」。（金庸，2006：2）

> 對於小說，我希望讀者們只說喜歡或不喜歡，只說受到感動或覺得厭煩。我最高興的是讀者喜愛或憎恨我小說中的某些人物，如果有了那種感情，表示我小說中的人物已和讀者的心靈發生聯繫了。小說作者的最大企求，莫過於創造一些人物，使得他們在讀者心中變成活生生的、有血有肉的人。（金庸，2006：3）

猶記國中大考將至的前一晚，剛好看到《神雕俠侶》第三冊中小龍女身受情花之毒而躍下絕情谷，當時後悔沒連第四冊一起租，隔天考試邊寫考卷還邊想：這樣楊過該怎麼辦？主角都死了，後面的故事要怎麼演？

楊過和小龍女跟一位國中生有什麼關係？金庸小說裡的主人翁從小都有坎坷的身世，不是國破家亡就是多災多難，而且江湖行走風波險惡。可能是不想面對考試這件事吧，武俠世界提供了一個「逃避的窗口」，讓自己不會一直卡在數學算不出來或常考零分的陰影裡。回想起來，閱讀過程中所產生最大的「化學作用」在於：我出身既沒小說主角那麼慘，際遇也只是考試沒考好，主角都能夠撐下來了，我應該也可以活得好好吧？憑著這樣的信念，筆者安然地度過苦悶的國、高中生活，並開啟大量閱讀文學作品的習慣。

雖然沒有金庸的文筆，但就這個課程而言，筆者也有同樣的期許：希望同學在情感上能產生喜歡或不喜歡的偏好，而不是「什麼都好，什麼都無所謂」的無感。這態度看來隨和，但它也有可能是不知道自己真正有感覺的事物是什麼，或是對外在事物完全無感的表徵。一個人會去喜歡某種文學或音樂作品絕非偶然，可能內心難以言喻的情緒被觸動，而兩者間的互動，可以慢慢地覺知更深層的生命經驗。

2、抵抗手機吸引力，強化面對孤獨的能力

一個人要能獨處，才有辦法忍受孤獨。對許多手機不離手的同學而言，獨處時最好的去處便是網路虛擬世界；一方面不甘寂寞地發送訊息，另一方面又期待他人的干擾，正所謂「我分享，所以我存在」，存在感需要不斷地用訊息來刷新。只是，不斷地向外連繫而無法跟自己好好相處的代價，如同蔣勳在《孤獨六講》所言：因為孤獨的緣故，我們會做出許多事與願違的事。不想一個人吃飯，所以有人揪就去，

而那些伴根本不就是真心相待的朋友；因為不想一個人度過漫漫長夜，因此有人釋出善意或暖心對待，就誤以為是可以長相廝守的伴侶。之後才發現，這一切只是因為孤獨的緣故。蔣勳描述道：

> 我要說的是，孤獨沒什麼不好。使孤獨變得不好，是因為你害怕孤獨。
>
> 當你被孤獨感驅使著去尋找遠離孤獨的方法時，會處於一種非常可怕的狀態；因為無法和自己相處的人，也很難和別人相處，無法和別人相處會讓你感覺到巨大的虛無感，會讓你告訴自己：「我是孤獨的，我是孤獨的，我必須去打破這種孤獨。」你忘記了，想要快速打破孤獨的動作，正是造成巨大孤獨感的原因。（蔣勳，2007：14）

有些時候，人群待久難免會膩，一個人靜靜享受清閒的時光也不錯，正所謂「過於喧囂的孤獨」。某個角度來說，人是孤獨的，就是徹徹底底一個人，到頭來也只有自己相伴。梭羅的《湖濱散記》推崇這樣的境界：

> 在大部分時間裡，我發現獨處是有益於身心健康的。與他人相處，甚至和最要好的伴在一起，很快就令人感到厭煩，浪費精力。我喜歡獨處。我從未發現一個比孤獨還好的伴侶。當我置身於人群中，多半覺得比獨處室內更加寂寞。一個在進行思考或工作的人總是孤獨的，不論他身處何處。（梭羅，

2013：201）

　　不過，梭羅實在太特立獨行了。如果可以的話，沒有人會想一直處於孤獨的狀態；要是真的沒辦法遇上了，孤獨並沒有想像中可怕，它其實有不少正面的功效。發展心理學指出，適當的獨處有助於面對孤獨，並可促進內在的自我探索，以及設身處地為他人著想的同理心。數位科技趨勢專家雪莉‧特克（Sherry Turkle）研究發現，數位 3C 產品陪伴長大的青少年因過度依賴電腦、網路和手機而失去獨處面對自己的機會，而自我的內在對話正好是反思能力養成的契機。（特克，2017）走在校園裡或進到教室中，看同學手機不離手實在有點擔憂。因為手上只有手機是很難對抗它的吸引力，裡頭充滿太多令人期望的訊息及流連忘返的新奇事物，除非真的有重要的事非完成不可，否則很難讓自己靜下心來而不必一直去滑它。

　　對此，建議同學除了帶手機外，如果可以的話帶本書或帶個耳機，偶爾試一下讓自己專注聽一首歌或看一篇文章（記得不要一邊看或聽時還在多工作業），說不定會發現：一陣子沒查看訊息好像也不會怎樣，好處是，你比別人更能夠專注且靜心處理現實中需面對的工作；久而久之，也能強化面對孤獨的能力，有些必須一個人專心面對的目標，例如：考證照、準備研究所或公職考試、專題比賽、畢製等等，可以獨當一面地完成它。

　　史脫爾（Anthony Storr）認為音樂是人生中不可或缺的事物，它不僅是心靈的良藥，更是孤獨寂寞時的良伴。他在《孤獨的聆賞者：

音樂、腦、身體》中做了如下精闢的闡述：

> 即使能夠自得於孤獨並善用孤獨，也會有寂寞的時候，碰到這種情形，無疑地，音樂能夠緩解寂寞，儘管這只是音樂微不足道的一項功能而已。（史脫爾，2008：127）

> 在我們面對別人的時候，相同的問題也會發生。……人的了解上，一般來說都是建立在人同此心的假設上。我們相信，別人所擁有的內心生活，包括思想、情感、慾望和偏好，儘管細部有別，大體上與我們的並無不同。另一方面，由於我們可以很貼近地去認識一個人，因此，想要客觀地去對待他或她也就不可能了。面對一首新的樂曲和新認識一個人並無不同。以兩者來說，逐漸的熟悉都會帶來更大的了解。（史脫爾，2008：174-175）

不管再怎麼有人緣的人，都難免得一個人孤處；而孤處時光也不像我們想像中那麼可怕，史脫爾認為它就像睡覺一樣，睡醒後我們會更精神氣力面對紛亂的人事物。如果同學還是不習慣一個人作專題或準備重大考試，那麼，音樂或許是這段漫長旅程中良伴。讓一段旋律盤據腦海，孤獨時負面的念頭就不致於那麼傷人；而只要能夠在聆聽音樂時保持一種「抽離／融入」（從保持距離到聽進去的欣賞姿態），進到人群時我們也可以更從容自在些！

3、及早找到讓自己覺得「活得真好」的心理價值，儲存面對人生逆境的能量

筆者在另一本通識教學專書《電影與道德推理》第七章〈文化與體制中的兩難〉曾引用日本當代小說家村上春樹〈有留白的音樂不膩〉中強調音樂與人生質感的文字：

> 對我來說，音樂這東西最大的好處是什麼？可能是，可以清楚知道好東西和壞東西的差別吧。知道大的差別，也知道中的差別，有些情況連非常微妙的小差別也能辨識出來。當然這是指對自己來說的好東西或壞東西，雖然只是個性的基準，不過知道或不知道那差別，類似人生的質感這東西，可能就有很大的不同。價值判斷的不斷累積，正形成我們的人生。這對有些人來說是繪畫，對有些人是葡萄酒，對有些人是食物，以我的情況是音樂。光是這點，在遇到真正好音樂時的喜悅，說起來真是好得沒話說。說得極端一點，會覺得活著真好。（村上春樹，2012：93-94）

對喜好音樂的村上春樹而言，他的小說總是描述著各式各樣孤獨的人們，或是因為受了傷，或是不為家庭和社會所接納。其中，音樂扮演著稱職的陪伴角色，撫慰人們的心靈。如果同學們不覺得音樂有村上春樹說得那麼美好，那有沒有什麼事物是你會有「活著真好」的感覺？也許，現在的你可能生活不好不壞，根本不需要什麼事物來感

受美好愉悅的情緒，只是，隨著要踏入社會的時間接近，許多意想不到的現實艱難與挫敗會變成生命中的常客，有時候會活得很辛苦。因此，現實中我們都活著，但是否每個人會感受到「活得真好」？可能就沒有想像中來得多！

我們似乎活在一個什麼都可以買，什麼都可以賣的商業化社會中。當代哲學家邁可‧桑載爾（Michael J. Sandel）在《錢買不到的東西：金錢與正義的攻防》點出現今社會市場機制（market）變得無所不在，我們表面上雖然看起來過程富裕又自由，事實上卻得承受著意想不到的後遺症，特別是遠離了美好生活的理想！因為生命中一些美好的東西，一旦被轉化為商品後，就很容易淪為腐化或墮落！

City café 代言人桂綸美曾演過一部跟咖啡廳有關的電影《第 36 個故事》，裡頭有些故事可以來說明有些「價值」是我們不願被轉化為商品的。主角朵兒開了一間「朵兒咖啡館」，由於開店時朋友送了一堆家中放著也沒用的東西來祝賀，瞬間整間店變成二手交換中心，並依據每個人內在的「心理價值」來交換。例如：里長的朋友想要書架上的泰文食譜，就得幫朵兒妹妹清水溝；有人想要無敵鐵金鋼模型，就得多點兩杯咖啡。對你有用的東西，對別人可能一無是處；而別人想丟的東西，你可能會當寶！

　　不知同學有沒有察覺，隨著年齡的增長，對我們有意義和價值的事不斷在變。國中喜歡的東西，到高中職後一點感覺都沒有；大一在意的事（例如：認真上課與參與社團），到大二、三時卻覺得當時的堅持一點意義都沒有（例如：打工賺錢才是王道，其他一切都不是那麼重要）。可見「心理價值」這件事是很難明確掌握的事。在我們沒有錢的時候，會覺得趕快賺錢是唯一重要的事。的確，金錢可以帶給我們很多物質的滿足，但一個要過得好，還需要一些「錢買不到的東西」，而村上所謂「人生的質感」這件事，就需要同學們多去感受並形成自己的價值判斷。如果同學們還不知道自己喜歡或不喜歡，不如就先從文學或音樂作品感受起吧！倘使你可以明確地感受到真心喜歡或不喜歡授課專題介紹的東西，那麼就是形成自己人生價值判斷的一個好起點！

三、課程理念、設計與架構

在國內的哲學通識課程中，結合文學或音樂相關的跨領域通識課程並不多見。比較常見的是文學類和音樂類的課程，而這些課程中的內容比較偏向於文學和音樂的介紹與賞析，較少觸及哲學面向的討論。當初會想開這樣一門課，主要是翻閱了書架上的《文學中的哲學思想》（劉昌元，2002）、《文學欣賞的靈魂》（劉述先，1992）這兩本書，而從音樂來談哲學的則比較是國外的翻譯作品，像是薩依德的《論晚期風格：反常合道的音樂與文學》、阿多諾的《貝多芬：阿多諾的音樂哲學》等等。深入這些作品來看，裡頭的內容仍然比較適合在哲學或中文研究所中來討論，而作為一門通識課似乎無法拿這些文本或主題來直接使用。特別是裡頭舉的文本或例子離同學的閱讀和聆聽音樂經驗太遙遠，得再重新構思才行。

很喜歡一部史蒂芬・金的小說改編電影《刺激1995》。內容講述一部年輕有為的銀行家安迪，絕頂聰明且專業冷靜，他能打理各式各樣的財務難題卻解不了婚姻問題。因為太太外遇且與情夫在高爾夫球俱樂部遇害，他被判了兩死刑關進肖申克監獄。裡頭有段放黑膠的音樂片段，讓筆者見識了音樂強大的穿透性。安迪因為偷放了莫札特的《費加洛婚禮》而被典獄長關了二週獨囚禁閉，放出來獄友問他難不難熬。安迪說因為有莫札特的陪伴，所以像是在渡假。他跟大家分享，有了音樂才不會忘記內心中有些地方是監獄管不到的，有了音樂才不會忘記「希望」與「自由」！（薛清江，2018：189-194）

延伸來看，有些音樂我們雖然聽不懂歌詞，卻能感受到它所要傳達的東西，這究竟是音樂本身承載了詞曲創作者的意念或情緒，還是聆聽者本身的心情投射？以同學曾分享中島美嘉〈曾經我也想過一了百了〉（僕が死のうと思ったのは）為例，當我們聽到痛哭流涕時，是否也代表我們曾經有這些想法和心情？歌手在唱這首歌時到底是什麼樣的心情，會不會也把自身有過的情緒放入？如果同學有興趣查一下莫札特、貝多芬、舒伯特和布拉姆斯等音樂家，你會發現他們的情緒狀態都不是很好，有的脾氣暴躁易怒、有的患有過動症或躁鬱症；如果聽到他們的音樂相當有感時，是否代表我們也有類似的狀況？

　　基於上述的說明，本書內容比較像一種「推力」（nudge）的概念。根據《推出你的影響力：每個人都可以影響別人、改善決策，做人生的設計師》中的界定，「推力」指用手肘輕碰對方來提醒或推動，它是一種似有若無的力道，表面上無關緊要，但在關鍵時刻卻能影響結果，特別是高空跳傘時學員突然懼高不敢往下跳時的「臨門一腳」。（理查‧塞勒、凱斯‧桑思坦，2014）由於文學和音樂的感受牽涉到相當主觀的「直觀」感受（一種個人直接面對作品的審美經驗，不憑藉他人的介紹或評價），很難系統地提供套裝的典範知識，本書主要扮演一種「平臺」或「媒介」的角色。儘管這樣一門課所能發生的影響相當有限，但藉由文學與音樂這兩種穿透力與感染力強大的媒材，仍可融入「情緒哲學」的哲學討論，以深化這門課的知識底蘊。因此，本課程的理論基礎主要參考轉化納斯邦（Martha C. Nussbau）和索羅門（Robert C. Solomon）的相關學說，並搭配科大學生較能接受的文

學與音樂文本。考慮到學生們的閱讀意願低落且專注力不足，文本的選擇上仍以翻拍成電影的為優先，希望藉由影像的感動來引導他們到文字的閱讀。為了達到這項教學目標，在作業設計上和分組討論中會嘗試放入配套的文本閱讀與引導，以彌補整個課程知識承載度不足。課程結構及設計表列如下：

課程架構	授課主題	主題電影	主要情緒	相關情緒哲學學說
認識情緒及幸福判斷	導論	《刺激1995》	音樂的穿透性	《推力》、《情緒的靈敏度》
	情緒的完整性	《腦筋急轉彎》	憤怒、厭惡、恐懼、快樂、悲傷、驚訝	《心理學家的面相術》、《說謊》
	焦慮感、躁鬱症與幸福判斷	《派特的幸福劇本》	焦慮感、躁鬱症、憂鬱症	《躁鬱之心》、《幸福的情緒》
個人及人際互動常會遇到的情緒	壓力、挫敗感與逆境假設	《進擊的鼓手》	壓力、挫敗感與逆境假設	《象與騎象人》
	羞恥感與負向情緒的轉化	《來跳舞吧？》	羞恥感與相關負向情緒	《逃避人性》
	同理心與旁觀他人之痛苦	《睡人》	同理心	《睡人》
感情及生命較深刻的存在感	情感的失落與療癒之道	《跳躍吧！時空少女》	失落感與傷慟	《生命時間學》
	存在虛無與拋擲感	《地心引力》與《異鄉人》	荒謬感與虛無感	《異鄉人》

四、推坑閱聽

1、史蒂芬・金（2008）。《四季奇譚》。臺北：遠流。

2、岸見一郎、古賀史健（2014）。《被討厭的勇氣：自我啟發之父「阿德勒」的教導》。臺北：究竟。

3、湯姆・麥卡錫／凱薩琳・蘭福德。《漢娜的遺言》。影集季數：2。

4、青島太郎、湯淺弘章／蓮佛美沙子、戶田菜穗。《午餐的敦子》。日劇集數：8。

5、武藤將吾／菅田將暉。《3 年 A 班—從此刻起，大家都是我的人質—》。日劇集數：10。

5、中島美嘉。《Tough》。〈僕が死のうと思ったのは〉。

6、蕭雅全／桂綸鎂、林辰唏、張翰。《第 36 個故事》。片長：82 分鐘。

7、法蘭克・戴倫邦特／提姆・羅賓斯、摩根・費里曼。《刺激 1995》。片長：142 分鐘。

8、維克多・沙爾瓦／史考特・馬其洛茲。《深夜加油站遇見蘇格拉底》。片長：120 分鐘。

五、參考文獻

1、史脫爾（Anthony Storr）（2008）。《孤獨的聆賞者：音樂、腦、身體》。新北：立緒。

2、村上春樹（2012）。《村上春樹雜文集》。臺北：時報。

3、享利・梭羅（2013）。《湖濱散記》。臺北：高寶。

4、岸見一郎、古賀史健（2014）。《被討厭的勇氣：自我啟發之父「阿德勒」的教導》。臺北：究竟。

5、金庸（2006）。《金庸作品集》。臺北：遠流。

6、理查・塞勒、凱斯・桑思坦（2014）。《推出你的影響力：每個人都可以影響別人、改善決策，做人生的設計師》。臺北：時報。

7、雪莉・特克（Sherry Turkle）（2017）。《在一起孤獨：科技拉近了彼此距離，卻讓我們害怕親密交流？》。臺北：時報。

8、劉昌元（2002）。《文學中的哲學思想》。新北：聯經。

9、劉述先（1992）。《文學欣賞的靈魂》。臺北：三民。

10、蔣勳（2007）。《孤獨六講》。臺北：聯合文學。

11、薛清江（2018）。《哲學與人生：人生、繞路與哲學》（三版）。高雄：麗文文化。

12、邁可・桑載爾（Michael J. Sandel）（2012）。《錢買不到的東西：金錢與正義的攻防》。臺北：先覺。

13、蘇珊・大衛（2017）。《情緒靈敏力：哈佛心理學家教你4步驟與情緒脫鉤》。臺北：天下文化。

第二章

情緒智能：一種倫理與存在策略的解讀

《腦筋急轉彎》所延伸出的「情緒哲學」詮釋進路

一、前言

近幾年來，坊間出現了許多心理學相關的「情緒」專書，而且每每躍上博客來網路書店或誠品書店的暢銷書排行榜的前幾名，可見還是有不少的讀者關注這樣的議題。不信的話，可以試著輸入「情緒」兩字搜尋各大網路書店，就會發現長達一千多頁（約有二萬多筆）的相關書籍，而在前面幾筆你會發現《情緒勒索》、《情緒靈敏度》、《情緒致勝》、《找回好情緒的日常練習》等等誘人的書名。

然而，在茫茫書海裡到底要選哪一本書，還真的不容易下手。還好皮克思動畫《腦筋急轉彎》（*Inside Out*）的出現，讓我們得以用一種輕鬆愉快的心情認識情緒這項課題。中文片名很容易跟一些要人們動動腦筋的謎語、笑話或難題聯想在一起。仔細看一下簡介或電影預告，你才會發現它原來是一部談論大腦中各種情緒運作的電影，除了許多好看的動畫外，裡頭更有許多心理學、腦神經科學的專業知識。該電影在拍攝前，曾深入地諮詢知名的情緒研究專長心理學家，他們分別是保羅·艾克曼（Paul Ekman）和加州大學柏克萊分校的心理學教授達契爾·克特納（Dacher Keltner）。同學們不妨上網查一下，艾克曼可是大有來頭的情緒心理學家，在這部影片之前，他還是美國影集《謊言終結者》與皮克思動畫《怪獸電力公司》中表情和情緒的專業顧問！

透過這部好看又專業的影片，有助於我們理解大腦裡頭的情緒運

作方式，並進一步帶領同學來思索底下問題：如果我們的情緒如電影情節所描述都由某些主要的情緒操控著，那麼個人在情緒能主導的部分有多少？假使情緒受大腦中的神經元和傳導物質所決定，一般我們所認知或強調的「自我」還存在嗎？本專題的詮釋觀點主要採羅伯特‧索羅門（Robert C. Solomon）和瑪莎‧納斯邦（Martha C. Nussbaum）的情緒哲學立：「情緒」（emotion）不是一種跟理性（reason）對立的盲目「情感」（feeling）或「激情」（passion），它除了電影中所涉及的實驗心理學、神經醫學或新的認知科學內容外，在哲學面向上，它還跟倫理、價值與過得健康美好有關；亦即，情緒是我們參與世界的存在「策略」（strategy），透過它，個人得以解讀生存的意義與價值，真正的幸福來自完整的情緒。

二、故事簡介與認識五種情緒

　　保羅‧艾克曼提出的六種基本情感之一：憤怒、厭惡、恐懼、快樂、悲傷、驚訝。電影劇情主要以小女孩萊莉（Riley）腦中的五種擬人化情緒展開，分別是樂樂（Joy）、憂憂（Sadness）、怒怒（Anger）、厭厭（Disgust）和驚驚（Fear），講述萊莉同家人遷居舊金山後適應新環境的過程和心理變化。雖然故事的主人翁是萊莉，但其實真正的主導者是五種情緒，精確來說，應該是萊莉與這五種情緒的互動，而萊莉的父母在過程中亦扮演陪伴與協助的角色。

　　皮克思動畫總是不太會令人失望，詳細的劇情就留待同學自己觀賞。為了讓同學深入掌握影片中所討論的五種情緒，先簡要描述如下（參見《維基百科》條文、《情緒之書》、《逃避人性》、《幸福的情緒》等書）：

樂樂 （Joy／快樂）	快樂是一種感受良好時的情緒反應，一種能表現出愉悅心理狀態的情緒。而且常見的成因包括感到對健康、安全、愛情等之滿足。快樂最常見的表達方式就是真心的微笑。 快樂與幸福的區別在於，快樂偏向個人的、短時間的情緒感受；幸福則涉及到與他人、家庭的長期正面的交互過程，以及對事業、生活發展的積極的體驗。

憂憂 （Sadness／悲傷）	人類的悲傷通常來自經歷上的挫折失敗，如：無法抗拒的住所改變，親友死亡、離婚、畢業或失業。另外，這類生物反應又會因生活經驗與文化特質而異。 悲傷表現在外即為沮喪心情。通常悲傷也會伴與落淚與沉默。若悲傷情況持續一段時間，即為一般來說的憂鬱，甚至臨床病症上的憂鬱症。引起悲傷的因素可能來自環境，心理因素或生理因素，所以，在悲傷之餘，能夠讓當事者紓解心情以重新適應新環境或身體變化，這也是悲傷的最大好處之一。
驚驚 （Fear／恐懼）	恐懼是指人或動物面對現實的或想像中的危險、自己厭惡的事物等產生的處於驚慌與緊急的狀態，伴隨恐懼而來的是心率改變、血壓升高、盜汗、顫抖等生理上的應急反應，有時甚至發生心臟驟停、休克等更強烈的生理反應。
怒怒 （Anger／憤怒）	指受到侵犯、不被尊重、錯誤對待時引起的自我防衛機制和戰鬥反應。斯多噶學派哲學家塞尼加（Seneca）認為憤怒是一種「短暫的瘋狂」，可見它是一種難以控制的情緒類型。索羅門認為憤怒是一種為了贏得尊重和利益的戰鬥；納斯邦則指出義憤的建設性，有助於公民對政治行動的參與。

厭厭 （Disgust／厭惡）	一種對於令人反感或使人不悅的事物所產生強烈嫌惡的一種情緒反應，此本能可保護我們免受傷害。對於厭惡的體驗主要是在味覺感官方面的察覺或是想像，其次才會在嗅覺、觸覺、或視覺方面所引起類似的感受中體驗到。相關的學術研究已經一再證實，厭惡和焦慮症以及與怕髒有關的強迫症（OCD）之間有關係。

　　對於上面的描述，不知同學們比較熟悉哪一種？看過電影的同學想必印象比較深刻的是樂樂和憂憂，它們故事中有強烈拉鋸的對手戲。現實中的我們，是否這兩種情緒也在我們大腦中戲劇般地上演著呢？為了讓大家更入戲，或許回到對自己這兩種情緒的認知是個不錯的課堂活動呢！拜電腦網路資訊流通便利之賜，請同學試著回答底下的董氏憂鬱量表：

https://www.jtf.org.tw/overblue/taiwan5/

　　來線上自我評估一下，自己到底是樂樂居多，還是憂憂佔滿了大腦？如網頁文字所提示，這只是個測驗而不是診斷，就本專題而言，它有助於同學覺知自身的情緒狀況。

董氏憂鬱量表——大專生版

1.我覺得心裡很難過。	17.我認為自己做人失敗。
2.碰到事情，我只想逃避。	18.我會莫名地想哭。
3.我最近有自殺的念頭。	19.我覺得日子痛苦難熬。
4.我心裡覺得很空虛。	20.我不想出門。
5.沒有人瞭解我。	21.我覺得生活沒有意義。
6.我感到絕望。	22.我感到很寂寞。
7.我覺得人生是灰暗的。	23.對任何事都提不起勁。
8.我對原本喜歡的事，變得沒興趣了。	24.我覺得記憶力變差了。
9.我的胸口會緊緊、悶悶的。	25.我會猶豫不決，很難做決定。
10.我在掩飾心裡的痛苦。	26.我覺得自己是沒有價值的人。
11.我變得討厭自己。	27.沒有人關心我。
12.我是別人的負擔。	28.我不快樂。
13.我覺得很煩。	29.我會想要傷害自己。
14.我上課念書不能專心。	30.我會一直發呆。
15.我感到昏昏沉沉的。	31.我不想和別人交談。
16.我覺得自己沒有未來。	32.我想自己躲起來。

紙本的計分方法如下，將所有 32 題選項分數相加後即得總分。

（0）沒有或極少 （每週 1 天以下） 　　　得分 0 分
（1）有時侯 　　　（每週 1~2 天） 　　　　得分 1 分
（2）時常 　　　　（每週 3~4 天） 　　　　得分 2 分
（3）常常或總是 　（每週 5~7 天） 　　　　得分 3 分

如果在網頁填寫，會自動幫你算好總分，而關於個人得分的建議意見，也請參考網路資訊，若是還有疑問，可以試著跟學校輔導老師、班級導師或你信得過的好朋友聊聊，進一步瞭解自己是否需要專業的協助。

三、情緒的完整性：智能、倫理意涵與存在策略

不知在填寫完上述量表中的各個題目後,同學對於為什麼會心情很煩或難過有些概念?又如,正在上課的你的心情是好是壞,是否能清楚地覺知?像是:現在心情壞到只想一個躲起來哭?或,心情好到不行想跟旁邊的同學分享?還是時好時壞,自己也搞不清楚為什麼會這樣?根據保羅·艾克曼的研究歸納,「情緒」具有如下特徵:

· 情緒是體驗到的一種感受、一組身體感覺,而且我們常常能意識到它。

· 情緒事件可能很短,有時只持續幾秒,有時比較久。如果持續到幾個小時,就稱為心情,而不是情緒。

· 情緒是某種對人很重要的東西。

· 我們對情緒的經驗,好像是發生在我們身上的事,而不是出於我們的選擇。

· 我們會不斷掃描周遭環境,尋找對我們重要的事,這種評估過程通常是自動的。除非超過一段時間,否則不會意識到自己的評估。

· 情緒有一段不反應期,在情緒剛開始時,會過濾記憶儲存的資訊和知識,只取用支持當時情緒的資料。不反應期可能只持續幾秒鐘,也可能持續很久。

· 完成起初的評估後,一旦啟動情緒,我們就知道自己出現情緒。如果能覺察自己陷在情緒之中,就能重新評估當時的情況。

‧情緒有共通的主題，反映出演化的歷史，再加上許多從文
　化學來的變形，這些變形反映出個人的經驗。換句話說，
　與祖先有關以及與自身生活有關的事，都能引發情緒。
‧對某種情緒的渴望與排斥，會激發許多行為。
‧有效的訊號（清楚、情速、共通），能讓別人知道我們的
　情緒。（艾克曼，2004：255-256）

　　對照《董氏憂鬱量表》內的提問，裡頭描述的狀況我們日常生活
或多或少都會有，像是感冒、生理期、大考將至、朋友吵架、家裡有
事等等，都會出現類似的症狀。當這些情緒持續久了，就變成「心情」，
心情一直都不好，就會變成一種「人格特質」，甚至有可能轉變為「心
理疾病」。（艾克曼，2004：123）所以，若是上述的情況持續過久，
同學們就要稍有警覺：再這樣下去，自己將被憂鬱情緒滲透接管，並
找不到跳脫的力量。

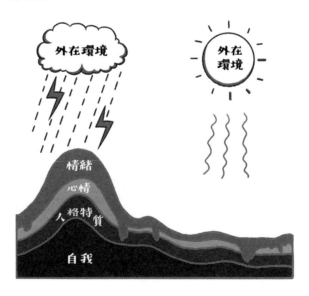

艾克曼建議，我們需發展「專注的覺察力」，能在情緒開始時就知道自己有情緒，防患於未然。他在書中提供了「察言觀色」的練習，從臉上表情來辨識自己和他人的情緒。以《腦筋急轉彎》主角萊莉的五種表情為例，同學區別得出各自表達的情緒嗎？試著區別看看。

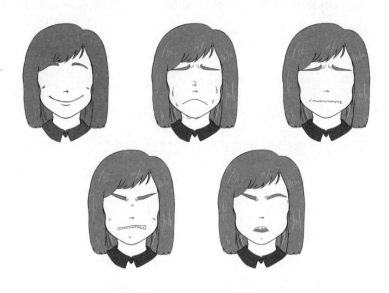

　　同學常把手機當鏡子用，可以透過鏡頭來看一下自己的情緒狀態。並回想一下，情緒或心情不好時，你都怎麼辦？如同引文的說法「我們對情緒的經驗，好像是發生在我們身上的事，而不是出於我們的選擇」，它有時候來得快也去得快，更多時候則像烏雲密布，看不到雨過天晴的可能；只是，艾克曼也發現，雖然我們無法自主地選擇情緒，但是情緒又是「體驗到的一種感受、一組身體感覺，而且我們常常能意識到它」，如果我們夠專注，似乎可覺察到某種情緒的作用，並意識到受到它的影響，例如：遇到討厭的人所出現的厭惡感；要上臺報告時緊張到胃痛、拉肚子等身體不適。因此，「情緒」不只是心

理的感覺（feeling）與身體的感受（sensation），它更與個人的「意識」有關。

對於情緒的重要性與複雜意涵，丹尼爾·高曼（Daniel Goleman）提出「情緒智能」（Emotional Intelligence，簡稱 EQ），強調它和「智商」（IQ）一樣不容忽視：

> 今天我們看到社會秩序以前所未有的速度在崩解，自私與暴力不斷腐蝕良善的人心。我們之所以要大力鼓吹 EQ，實在是著眼於情感、人格與道德的三合一關係。愈來愈多的證據顯示，基本的道德觀實源自個人的情感能力。（高曼，2016：29）

> 本書著重探討的正是其他因素——EQ，包括如何激勵自己愈挫愈勇；如何克制衝動延遲滿足；如何調適情緒，避免過度沮喪影響思考能力；如何設身處地為人著想，對未來永遠懷抱希望。（高曼，2016：69-70）

高曼指出整個美國教育體系過於重視智商而忽視「情緒素養」的重要性，其代價則是層出不窮的社會問題，而如何透過情緒教育來改變現狀，施教方向為：1. 情緒覺知力（例如：更能覺察與認知自身的情緒、能了解各種感受的的前因後果）；2. 情緒管理導向力（例如：較能專注眼前的工作、能忍受挫折與控制衝動）；3. 情緒判讀力（例如：較能設身處地與感同身受、較懂得傾聽）；4. 人際互動力（例如：較懂得解決人際衝突、能體貼關心他人並人緣變好）。（高曼，2016：

371-372）

　　相較於上述的大規模教育改革與課程計畫，就哲學類通識教學角度，美國當代哲學家納斯邦和索羅門的觀點，極具啟發性，有助於提升同學情緒自覺與判讀。納斯邦強調，情緒中的「智能」和「倫理意涵」，與個人的「幸福判斷」（Eudaimonistic Judgment）息息相關：

　　　　情緒並非無知的波動，而是有知（理智）的反應，與世界上發生的事、個人的重要價值和目的相應。情緒不僅包含對事物的評價，也邀請他人的評價。（納斯邦，2007：80）

　　　　情緒包含三個顯著的觀念：認知性的評估或評價、吾人自身的繁盛（flourishing）或重要目標與計畫、外在對象作為個人自身目標計畫要素之重要性。情緒典型地結合這三個觀念與外界事件的資訊；它們是我們標註跟外在（例如：無法控制的）事件（對幸福影響甚鉅）關連的方式。（Nussbaum, 2001: 4）

　　納斯邦以「悲傷」、「恐懼」、「憐憫」等情感為例來進一步說明。所有的情感都會涉及對於對象的評價，這對當事人而言事關重大，絕非微不足道。對於友人或親人的死亡之悲傷反應，可能提醒了朋友或親人在我們生命中實際的重要性。因此，我們只會對跟我們生命有關的重要對象感到悲傷，而不會對所有的死亡感到悲傷。同樣的，恐懼、憤怒與憐憫亦有同樣的特色：我們只會對自己生命目標或計畫相關的重要之物有感情並產生情緒反應。

故事中小女生萊莉腦中所發生的情緒風暴，源自她對於生活中重要事物的判斷所致，這種「幸福判斷」偏向於一種情感認知。當她發現家庭變故得離開她喜歡的曲棍球和好朋友時，雖然理智上她都懂，但情感上就是放不下、擺不平。

　　試猜想一下，影片中哪一部分的情節是萊利的「幸福判斷」？幫同學們回想一下，五座島嶼分別是：Family 家庭島，最後沒有倒塌。Honest 誠實島，在萊利翹家時偷了媽媽信用卡時倒塌。Goofball 搞笑島，萊利沒有跟著爸爸扮鬼臉、對爸爸的搞笑沒有回應時倒塌。Friendship 友情島，家鄉的好友在萊利搬家後另結好友時倒塌。Hockey 冰球島，象徵成就感。萊利因為種種原因擾心，導致連最喜歡的運動都做不好時倒塌。

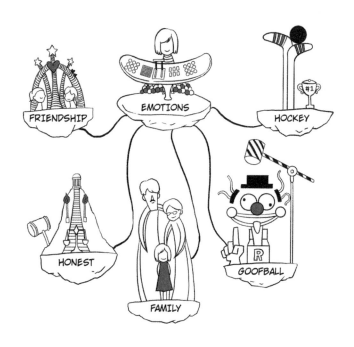

相較於上述的倫理解讀，晚近的心理學家過於偏向於負向情緒所帶來的心理疾病探討，過度將自我簡化為一種由情緒所主導的複合體，當負向情緒過高時，個人只能乖乖地束手就縛，再怎麼努力也無濟於事。真的是這樣嗎？負向情緒真的那麼不好得從我們腦中驅除掉嗎？萊莉後來能夠正視過往的負向情緒後才真正地面對自己，是否說明有時候憂鬱也有其存在的必要性？而該如何適度地調節或釋放，或許該把這個責任交給個人來判斷？影片中，萊莉的父母並沒有帶她去看心理醫生和服藥，似乎隱隱指出個人仍有主控這些情緒的可能，雖然並不見得每次都成功。艾倫・霍維茲（Allan V. Horwitz）在《我的悲傷不是病：憂鬱症的起源、確立與誤解》中指出：「悲傷反應」與「真正的精神疾病」之間常常被混為一談，導致於許多正常的悲傷感受也被誤認為異常的失序經驗。她說道：

　　　　DSM 的憂鬱症定義在許多方面都合情合理，各方可能會爭論當中症狀是否適合，每一項都有廣大的共識支持，認定是憂鬱症的指標……那麼這套定義的問題又出哪裡呢？除了幾項例外不算，這套定義的精髓在於，只要當事人出現特定的一組症狀，就足以被診斷為疾病。但像是情緒低落、對日常活動提不起勁、失眠、胃口不振、無法專注等症狀，在沒有生病的情況下，也會因為各式各樣的負面事件自然而然出現，並持續兩個禮拜以上，例如情人出軌、升職期待落空、重大考試沒通過而嚴重阻礙職涯發展、發現自己或摯愛

得了重病或是丟臉的行為被揭發而背負恥辱等等。即使是嚴重經驗所造成的強烈反應，都還屬於正常的人性範圍。（艾倫·霍維茲，2017：33-34）

　　筆者同意霍維茲的觀點：悲傷反應除非症狀延續過久，否則很多情況都是正常的人性範圍。例如上述提到的情緒低落的情況，對大多數人並不陌生，有時候一個流感或重症就會讓人身心俱疲而難過好一陣子，更別說為了準備考證照或畢業專題長期壓力下的抑鬱。一個人會對於許多事感到悲傷，代表著他（她）以這種情緒來看待自己在世界中的存在處境，而如何在此處境找到讓自己繼續走下去的意義與價值，則需先從所處的世界撤退休息一陣子再說了。

　　海德特在《象與騎象人》以佛陀「諸法意先導，意主意造作」來說明現代通俗心理學中最重要的一個概念：「發生在這個世界上的事情，只有透過我們自己對事件的詮釋才能影響到我們，所以只要我們能控制自己對事件的詮釋，我們就能控制自己的世界。」（海德特，2007：49），用同學們比較常聽到的說法是：

　　當你笑時，全世界跟著你笑；當你哭時，全世界跟著你哭。

　　而身為一位正向心理學家，他曾經因為工作壓力而長達八星期服用抗憂鬱症藥劑 Paxil（一種類似百憂解的藥）之後，人生從黑白變

彩色，能夠放鬆下來，以愉快心情接受自己的錯誤，而不是老是耽溺其中。要不是藥的副作用讓他記不起學生和同事的姓名，他可能考慮繼續服用。因此，他認為若是天生大腦皮質所導致的負向情緒型態而言，借助藥物之助是有其正面助益，而若只是短暫的壓力或創傷所造成的悲傷反應，則可透過冥想或認知療法來改變。（海德特，2007：73-79）

海德特的建議相當中肯，如果真的是生理因素且真的超出個人所能調整的範圍，適度的藥物有助於控制情緒。就好像小感冒不吃藥也會自行痊癒，流感的話就真的得借助藥物了。當然，只要是藥物就有副作用，同時會產生依賴性，若能透過想法的轉變來減輕心理症狀，那是再好不過的。除了他提到的冥想或認知療法外，本章所導入情緒哲學反思亦有助於改變情緒認知。延續海德特的觀點，筆者認為索羅門對情緒的說明更為周全：

> 首先，也是最為重要的，情緒不是感受。其次，不管我們從人類神經生物學或相關學科中學到多少，情緒都不是，至少不能化約為生理學事件。第三，情緒不能僅僅以個人行為來理解——說「僅僅」，並不是要否認情緒由行為來表達，或它在某種意義上是個人體驗，而是要說，若不考慮社會脈絡、文化、社會與人際關係、還有以上這些要素所規定的行為之「意義」，就不可能在理論和實踐上充分理解自己或他人的情緒。（索羅門，2010：78-79）

索羅門認為，情緒不只是身、心的感受或反應，它還是種關於人生意義與幸福的「評價判斷」（evaluative judgments）；個人仍有調整情緒狀態與追幸福人生的可能。索羅門欲強調的是，情緒是個人在世界中與他人互動的體驗。他用「存在主義式的觀點」（existentialist perspective）來闡釋情緒的複雜性，它是個人在面對世界時的動態策略。以悲傷來說，該情緒代表個人對世界發生事件的「判斷」，例如：當我們摯愛的人、事、物發生不幸時，個人暫時從某個世界撤退而處於負向的情緒狀態；至於憤怒，則涉及對於個人對錯或重要事物被侵犯，它跟某個人或具體事件有關，而非停留在大腦裡的感覺。

基於上述，索羅門進一步提出「情緒的完整性」（emotional integrity）來說明幸福與情緒的關連。幸福的概念像是一種「超情緒」（super-emotion），包含了「情緒」和「反思」（reflection）。幸福人生不是一種沒有情緒衝突的狀態，而是根據個人最由衷認可的價值來明智地處理情緒衝突的人生。因此，情緒的完整性不單單是情緒的一致性（consistency）或是單一性（simplicity），它還蘊含著豐富性（richness）和深刻性（profundity）。他如此闡釋道：

> 我們可以說幸福是一種「後設的情緒」（meta-emotion），一種關於我們在世存有（being in the world）持續概括的評價判斷；它是一種「擁抱全部」（all-embracing emotion）的情緒，不僅跟我們生活的任一特殊面向，而是跟整體生活有關。因此，此處我所考量的幸福既不是一種「感受」（feeling）

也不是「主觀的幸福感」（subjective well-being）或客觀的成就，幸福的情緒是一種關於我們其他情緒的整體，一種加總起來的方式與生活。這創造出一種空間稱之為「激情的人生」（the passionate life）和「浪漫的幸福觀」（romantic notions of happiness）。（Solomon, 2007: 265）

「後設的情緒」指是組織和架構化的情緒及對這些情緒的認知，同時包含意識到自身與他人的情緒，亦即前面提到的「反思性」：對於自身的存在及他人的情緒的認識理解。所以，回到《腦筋急轉彎》中主角萊莉大腦中的五種情緒快樂、憂愁、厭惡、恐懼和憤怒來說，這五種情緒都扮演著不同的角色，雖然裡頭的憂憂不是很討喜，卻也是情緒整合的一部分，同時，激情、狂喜、欲望等等較強烈的情緒偶爾會惹禍，卻是幸福人生不可或缺的動力。最後，個人還需認識到他人的情緒，並試著在自己和他人的情緒互動中尋找一個最佳的相處策略。還記得萊莉的五座島嶼的譬喻吧？如何讓它們相安無事，還真是考驗著你我的「情緒智能」呢！

四、議題討論

1、看完《腦筋急轉彎》後,你認為主角萊莉是否有「情緒主導權」?一般我們說的「自我」是不是就是萊莉腦中的「主控臺」?

2、當人的自我對情緒沒有主導權,是否意謂一個人都是受制於情緒,不必為情緒所造成的結果負責?如果有人天生下來就有情緒的困擾,或是後天環境不利讓人總是笑不出來,他是否一輩子與幸福完全無緣?

3、填完網路《董氏憂鬱量表》後並統計分數,你的大腦是樂樂較多,還是被憂憂所佔滿?你覺得測驗的分數跟你對自己情緒的認知落差很大嗎?

4、你是否曾經有過情緒衝突激烈(甚至抓狂)的經驗?現在重新回想的話,你覺得當時處理的方式適當嗎?如果是現在的你,會有比較好的處理方式嗎?

5、本章提到的保羅·艾克曼另有《說謊:揭穿商場、政治、婚姻的騙局》一書,並根據其人其事拍成美國影集《謊言終結者》。請自行上網觀看其中一集,並與同學分享其中洞悉他們情緒與表情的觀察技巧。

五、推坑閱聽

1、塔爾‧班夏哈（2012）。《更快樂：哈佛大學最受歡迎的一堂課》。臺北：天下雜誌。

2、蒂芬妮‧史密斯（2016）。《情緒之書：156 種情緒考古學，探索人類情感的本質、歷史、演化與表現方式》。新北：木馬文化。

3、德斯蒙德‧莫里斯（2005）。《快樂這回事——人類學家的發現》。臺北：天下文化。

4、Samuel Baum ／提姆‧羅斯。《謊言終結者》。影集季數：3。

5、彼得‧西格爾／亞當‧山德勒、傑克‧尼克遜。《抓狂管訓班》。片長：106 分鐘。

6、彼特‧達克特／約翰‧古德曼、比利‧克里斯托。《怪獸電力公司》。片長：92 分鐘。

六、參考文獻

1、《維基百科》。「情緒」條文。

2、丹尼爾・高曼（2016）。《EQ：決定一生幸福與成就的永恆力量》。臺北：時報出版公司。

3、艾倫・霍維茲（2017）。《我的悲傷不是病：憂鬱症的起源、確立與誤解》。新北：左岸文化。

4、保羅・艾克曼（2004）。《心理學家的面相術：解讀情緒的密碼》。臺北：心靈工坊。

5、納斯邦（2007）。《逃避人性：噁心、羞恥與法律》。臺北：商周出版。

6、強納森・海德特（2007）。《象與騎象人》。網路與書出版。

7、羅伯特・索羅門（2010）。《哲思之樂：乾癟的思考還是熱切的生活》。新北：群學。

8、Nussbaum, C. Martha (2001). *Upheavals of Thought: The Intelligence of Emotions*. UK: Cambridge University Press.

9、Robert C. Solomon (2007). *True to Our Feelings: What Our Emotions Are Really Telling Us*. New York: Oxford University Press.

第三章

躁鬱人生中的幸福判斷

《派特的幸福劇本》裡的一線光明

一、前言

　　筆者從小至今一直為嚴重過敏體質所苦，每逢春夏季節交替之際，總覺得全身不舒服，特別是鼻塞、眼睛癢、頭昏腦脹且無法專注。當乾冷的東北季風吹完換濕冷的西南風，或是颱風要來時的氣壓變化、日夜溫差過大、空氣品質惡劣等環境因素，身體總是出現難以預料的過敏現象，或是突然昏沉想睡，或是整夜翻來翻去難以入眠。由於身體過敏反應難以控制，對於將來要面對的事總是充滿不確定感，大概前一週前就開始焦慮不安。如何在反覆混沌的過敏狀態下找到生活的秩序，竟成了這輩子的人生必修課。小學時常被認為過動症或注意力不集中，國高中後則常常出現無法早起或起來後整天昏沉的睡眠障礙。跟朋友聊到這些症狀時，他們都很好奇我是如何讀完博士學位的，因為光應付和適應這些症狀就得花上很多心力，可以專注念書的時間相當少。

　　回想起來，也不知道是怎麼熬過來的。只能說遺傳到過敏體質，就得想辦法跟它和平相處，並盡量讓自己看起來正常些。那中間，不知試過多少種偏方和療法，印象中媽媽還不時幫我到神壇收驚或請示神明，結果還是沒改善。比較有效緩和過敏症狀的藥是類固醇噴劑和抗組織胺，不過長期吃下來也發覺偶爾會有情緒低落，萬念俱灰的副作用。一直懷疑自己是不是有躁鬱症的傾向，認真研讀了《躁鬱之心》、《邱吉爾的黑狗》、《精神疾病診斷手冊 DSM-V》等書，好像又不太像；一來只要季節或氣候比較穩定些症狀就會好很多，不太符合精神

診斷手冊中的三至六個月以上的確診要件，二來，就算有相關的症狀，倒也不至於出現隨意刷卡買房或衝動暴走打人的情事。

隨著年齡增長，發現真正情緒健康的人並沒有想像多，有些親朋好友雖然沒有過敏卻不時因為焦慮、躁鬱的情緒所苦惱，常常會像唱片跳針一樣卡在某個音軌上，自己不好受外也連帶地感染他人。究竟這些情緒是怎麼來的？天生遺傳的基因，還是後天環境所致？該借助藥物治療或聽從專業心理醫師的建議，還是害怕被貼標籤而繼續讓生活混亂失序？

每個人都有不願拖累他人的自尊心，更別說要承認自己的脆弱！然而，受負向情緒所苦者，有追求幸福的可能嗎？如果有的話，他們的幸福劇本長什麼樣子？延續第二章〈情緒智能：一種倫理與存在策略的解讀〉，本章將借《派特的幸福劇本》這部笑中帶淚的電影小說指出：基於個人的幸福判斷，就算深受負向情緒所苦的人仍可能找到一線光明，並改寫不同版本的人生劇本。

二、電影簡介與原著小說文本導讀

開始會注意到《派特的幸福劇本》是在第 85 屆奧斯卡頒獎典禮的新聞中看到女主角珍妮佛‧勞倫斯（Jennifer Shrader Lawrence）上臺領最佳女主角獎時因禮服裙擺過長不小心絆倒的畫面。後來看了網路上預告片後，皆以「爆笑喜劇」和「浪漫愛情」為訴求來放送，塑造出一種幸福美滿的影片類型！這也難怪，好萊塢的片子總是以幸福美滿的結局收尾居多，對於現實生活已經夠苦的普羅大眾而言，閒暇之餘還要看悲慘的故事未免令人太沉重了！好在這部片的導演和編劇們都相當厲害，再加上男女主角和配角們演得都相當到位，讓一部內容沉重的小說劇本得以不同風貌出現。在比較兩者差異之前，有必要先交待一下電影的相關資訊。

《派特的幸福劇本》是一部 2012 年由大衛‧歐‧羅素（David Owen Russell）所執導的美國劇情喜劇片，電影劇本則是改編自馬修‧奎克（Matthew Quick）所撰寫的同名小說，由布萊德利‧庫柏（Bradley Charles Cooper）、珍妮佛‧勞倫斯、勞勃‧狄尼洛（Robert Anthony De Niro Jr.）等主演。影片上映後，榮獲奧斯卡最佳影片、導演、男主角、女主角、男配角、女配角、改編劇本、影片剪輯等八項大獎提名。珍妮佛‧勞倫斯因此片登上最年輕的奧斯卡金像獎女主角。如果同學有稍微留意一下奧斯卡金像獎相關新聞，該片的男主角布萊德利‧庫柏除了是《藥命效應》、《美國狙擊手》中演技精湛的男演員，更多許多電影的製片和導演，例如《一個巨星的誕生》這部談女神卡卡故事電

影便是由他所催生，《派特的幸福劇本》中的製片名單上也有他，可說是全方位的性格演員！

影片根據同名小說改編，英文片名為 *The Silver Linings Playbook*，直譯為：銀色線的劇本，字面上看不到「幸福」的意思，倒是有「一線光明」意含。小說中譯本書背的介紹頗為精簡傳神，節錄如下：

> 派特在精神療養院的四年期間，對自己的「一線光明」理論深信不疑：他認為自己的人生是一部上帝製作的電影，只要拚命完成上帝指派的任務，把體態變得健美、學會表達情感，也就能獲得朝思暮想的快樂結局——跟離異的妻子妮奇重聚。
>
> 問題是，派特離開療養院回到老家後，一切都不太對勁。沒人願意跟他談談妮奇，他深愛的美式足球費城老鷹隊又頻吃敗仗。讓原本就不講話的老爸更加喜怒無常。怪咖鄰居蒂芬妮一直跟蹤他跑步，治療師竟然還想撮合他們。最可怕的是，只要肯尼吉和他的抒情爵士樂一出現，派特就會斷線暴走……（馬修・魁克，2013）

電影中沒有特別強調音樂與派特發病的關連，也沒有用到肯尼・吉（Kenny G）的音樂（只提到是他結婚時用的音樂）。派特發現太太妮奇外遇時正好是播這段音樂，因此，只要聽到該旋律時整個人就會焦躁抓狂（其實肯尼・吉的音樂還蠻好聽的，只是派特聽到的時間和地點都不對）。至於「一線光明」的說法，電影也沒有特別強調（只

有提到他要「精益求精」），小說中有比較詳細的描述：

> 是的，我真的相信「一線光明」，因為我每天從地下室出來的時候，幾乎都看得到雲柔的銀色鑲邊。我把腦袋與手臂擠出垃圾袋外（用塑膠裹住軀幹就會流更多的汗），然後去跑步。……
>
> 我跑步穿過公園時，抬頭看看當天出現了什麼樣的預兆。
>
> 如果雲朵擋住了太陽，總會有銀色鑲邊來提醒我繼續努力，因為我知道雖然現在情況看起來可能蠻黑暗的，但老婆很快就會回到我身邊。看著灰白鬆軟的雲朵周圍亮著陽光，就讓人精神亢奮。（你可以製造類似的效果：在離光裸燈泡幾吋遠的地方舉起手來，用眼睛追蹤手印，最後會暫時看不見東西。）盯著雲朵直看會刺痛眼睛，但也會有幫助，就像多數會帶來痛感的東西一樣。所以我需要跑步，當肺部熊熊燃燒、背部好似有刀戳刺、腿肌逐漸堅硬、腰圍周圍的半吋鬆皮抖動搖晃時，我覺得自己完成了當天份量的贖罪苦行，或許能讓上帝滿意對我伸出援手；我想那就是祂過去一週以來，一直讓我看到有趣雲朵的原因。（馬修・魁克，2013：23）

書裡對於派特的健身與跑步歷程著墨甚多，讀起來會覺得他簡直在自虐，但電影裡主角穿著黑色垃圾袋的樣子又讓人忍不住想笑。派特會這樣其實是想把治療的藥物停掉，不管在精神病院或回到家裡，

總是有著吃不完的藥，有抗焦慮、衝動、安眠等等，這些藥雖然有它的功效，但記憶力減退、昏昏欲睡所帶來的無力感，讓他無法接受。影片中他技巧很好地把藥都吐掉，但書裡的他還是乖乖服用，只是嘗試減量並靠運動來平衡情緒。為了讓派特可以不斷運動，他媽媽還在地下室添購了整套的健身設備。

像許多焦慮症、強迫症或躁鬱症患者一樣，派特對於跟前妻復合的「執念」甚深！小說將這個面向描寫的淋漓盡致，像唱片跳針一樣，派特的念頭總是無法從這裡移開，而現實中妮奇早已離開，連見都不想見他。好在派特不斷地自我調整後，慢慢覺察到母親的辛勞，特別是跟他人生一樣亂七八糟的蒂芬妮出現後出現轉機。

蒂芬妮一出場就是女強人說話的氣勢，但她在電影裡更加強勢，滿嘴髒話、情緒激動、一針見血，電影中甚至精闢分析每一場球賽、跟別人打起賭來，還自信滿滿地說她跟派特一定會得分，但除了是為了幫助派特外，這些行為都是在掩飾自己的脆弱。成為寡婦的她在喪夫後跟辦公室裡每個人上床因而被開除。最後她表示是因為逝去的丈夫出意外前買了一袋的內衣要送她好維繫兩人間的愛情魔力，但電影裡沒有交代這段。總之，蒂芬妮認為是自己的一句話造成了丈夫死去的悲劇，從自責的罪惡感到性需求，後來跟一堆男人亂來。本來她也打算勾搭派特的，但漸漸發現這位人生亂七八糟的怪咖很適合作朋友，特別適合一起參加「舞動拋開憂鬱」現代雙人舞比賽。從舞伴到生命至交，兩人在彼此的身上找到了「一線光明」。

三、舞動拋開躁鬱，改寫人生電影腳本

在觀看《派特的幸福劇本》時，一直想到《躁鬱之心》這本經典之作。作者凱·傑米森博士是約翰·霍普金斯大學醫學院精神病學系教授，揭露親身的患病歷程如下：

> 我向自己宣戰的行為並不特殊，躁鬱症在臨床治療上最主要的問題不在於缺乏有效藥物，而在於病人通常不願服藥。更糟的是，由於相關資訊缺乏、用藥諮詢不佳、自覺羞恥或害怕影響生活及工作等因素作祟，病人根本不願尋求治療。但躁鬱症會扭曲情緒及思慮，引發可怕的行為，摧毀理性思考的基礎，而且往往磨蝕了生存意志。躁鬱症源於生理因素，而病人的感受卻是心理的，它所帶來的好處及愉悅獨一無二，但發病的痛苦卻令人無法忍受，且經常導致自殺。
> （凱·傑米森，1998：4）

作者指出，該病症不僅差點置她於死地，還導致成千上萬資賦優異且最具想像力的年輕人走向絕途。有興趣的同學不妨參考《另類閱聽：表演藝術中的大腦疾病與音聲異常》（蔡振家，2011）一書，裡頭提到許多創作靈感與大腦疾病的關聯，其中有不少人是受精神分裂、自閉症、癲癇、妥瑞症所苦。筆者懷疑《派特幸福劇本》作者馬修·奎克要不是有參考凱·傑米森的書，就是他自己或周遭的人有類似的症狀。以派特在電影中的情節為例，當他讀到海明威《戰地春夢》

時不滿結局的悲慘（因不符合他「一線光明」的理念），可以整夜不睡地跟他父母抱怨到天亮（不管別人受不受得了），完全符合《躁鬱之心》裡頭對躁症患者的亢奮狀態的描述；而電影裡頭對於派特在狂躁後陷入憂鬱脆弱的面向著墨不多，其實有很多時候是處於啜泣自責的絕望狀態（倒是看不出來有尋短自我毀滅的傾向）。

　　承上，像派特這種躁鬱、焦慮多重精神疾病患者，他所看到的「一線光明」，究竟是躁症發作時的過度樂天，還是一種貼進現實情況的理智信念？美國《時代雜誌》專欄作家芭芭拉・艾倫瑞克（Barbara Ehrenreich）在《失控的正向思考》以她罹患乳癌的親身經驗，傳神地刻劃美國正向勵志文化背後的荒謬現象，並苦口婆心地勸告大家：真正的正向思考，不是自我催眠式的大眾妄想症，而是需要一種面對現實的勇氣。得了癌症就已經讓人夠難過了，結果大家還得用「得了這種病症是我這輩子最快樂的時候」、「乳癌讓我重新思考人生，讓我對世界有了新的領悟」來自我安慰：

　　　　一切正向思考的目的，就是要將乳癌變成一種儀式，也就是說，我們不應該對乳癌破口大罵，視它為不公平的境遇或悲劇，而是人生週期中尋常的里程碑，就像停經或當祖母一樣。……在美國乳癌文化中，樂觀的氣氛無法減緩，大家普遍認為乳癌不只有讓心靈昇華的這個無形優點，還能對抗無可避免的外形破壞，若能生還，患者會變得更美麗性感、更有女人味。腫瘤科護士和生還者告訴過我一些乳癌的傳

說，她們說化療能減肥，並使肌膚變得光滑緊實。此外，頭髮長回來後會變得更濃密柔順、更容易梳理，還會長出驚人的新髮色。（艾倫瑞克，2012：41-44）

　　派特的正向是不是遺傳自這種美國人式的過度樂觀且脫離現實？雖然有時候派特瘋狂跑步折磨自己並祈求上帝寬恕他，有時則不斷咒罵精神病院這個「鬼地方」的藥物治療讓他記憶喪失和無法思考，但他對這一切不打算逆來順受。至於面對現實的勇氣，其實在經歷了與家人互動和蒂芬妮的互動後才慢慢拉近的。派特的父母臉上常常出現無奈的表情，特別是媽媽經常一把鼻涕一把眼淚地寬懷包容，這中間的辛酸真的只有當事者才知道；對於派特想挽回妮基的執念，在蒂芬妮「善意的欺騙」的書信往來過程中漸漸地融化。因此，筆者以為派特的「一線光明」並非失控的正向思考，反而某種程度上符合正向心理學所提出的「快樂方程式」（H=S+C+V）的主張。

　　依呂波密斯基、薛爾頓、施卡德以及塞里格曼等人的界定，（H）指我們真正感受到的快樂基準線；（S）取決於我們天生遺傳的快樂起始點；（C）指我們所擁有的生活條件；（V）再加上我們所從事的自發性活動。（塞利格曼，2009）派特和蒂芬妮的快樂基準線設定的並不高：彼此覺得對方瘋瘋癲癲的，同時也意識到自己的條件也好不到哪裡去。就算是在最後舞蹈大賽的分數不高，他們也樂到相擁而泣（這中間相關情節請自行參閱影片內容）。派特可能天生遺傳的快樂起始點並不理想，至於生活條件部分還得依賴家裡的供應（之前的房子和

財產都歸前妻了），有點納悶家裡的經濟來源能支撐派特多久。就整個公式看來，（V）是《派特幸福劇本》最關鍵的轉捩點。相較於許多躁鬱症患者，派特的情緒敏銳度與病識感都因積極的健身和運動變好了，每當快暴走前會不斷地奔跑來轉移情緒。同時，對於他人善意的協助，他也不會拒人於千里。因此，透過自發性活動，派特找到對抗天生遺傳的情緒障礙的對策。

從生理的面向來看，柯萊恩在《不斷幸福論》中引述神經醫學相關研究指出：

> 運動藉著刺激神經元萌芽，可以控制最具威脅性的憂鬱症徵兆，也就是灰質的萎縮。所以，活動所產生的效果就像天然的百憂解——消耗體力的活動會釋放出血清素，這就好比百憂解所提供的療效的原理。但藥物無法促成美好的感受，而運動可以，因為盡全力活動會釋放出陶醉分子安多芬。這可以解釋，為什麼每週規律做三次的半小時耐力訓練，在某些人身上所產生的抗憂鬱效果就像是服用了最好藥物。（柯萊恩，2004：276）

作者提到像百憂解這樣的快樂丸是對抗不幸福的藥丸，而不是製造幸福的藥丸。換言之，這些藥物可以帶走憂鬱症患者不好的感受，卻無法帶來美好的感受。更重要的是，吃藥雖然可以減輕症狀，連帶的副作用也會讓患者吃不消。派特透過持之以恆的運動來對抗惡劣的

情緒，讓僵化的頭腦從寒冬中甦醒變得更有彈性。

　　只是，為什麼派特願意持之以恆地跑步和健身呢？他原有的病發作時，很容易整個人失去做任何事的動力，換言之，他「一線光明」信念的背後，是否有什麼樣更大的心理或哲學反思？跟蒂芬妮相遇後，這兩個看起來亂七八糟的「天涯淪落人」似乎不打算乖乖地接受降臨在他們身上的命運安排，筆者以為，這或許可以從兩人對什麼是「好的生活」（the good life）的「幸福判斷」（eudaimonistic judgment）來解讀！

「幸福判斷」示意圖

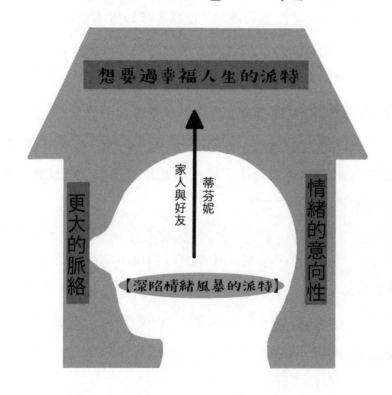

想要過幸福人生的派特

家人與好友

蒂芬妮

更大的脈絡

情緒的意向性

【深陷情緒風暴的派特】

借用納斯邦（Nussbaum）從古希臘人（特別是亞里斯多德）的用法來理解這個語詞，「好的生活」指一種「幸福」（eudaimonia），意思有：「過一種對個人來說是好的生活」、「生活得好和做得好」、「人的欣欣向榮」（flourishing），它除了是一種滿足感或快樂感的心理狀態，更具備重要的「活動」要素，同時也包含複雜的情緒智能。

對納斯邦而言，情緒不是盲目的激情，而是具備了底下四種智能：首先，情緒都跟某個「對象」（object）有關，並指向某個特定的對象。例如：憤怒的情感指向某個傷害我們的人；恐懼則針對某種會奪走或威脅我們的事物，我們感知某個對象的方式為情緒的本質所在；其次，我們所感知的對象是一個「意向性的對象」（intentional object），它不是只指向某個對象後就置之不理，這種關連性是比較內化的「觀看的方式」（a way of seeing）或作為「情緒認同」（emotions' identity）一部分；此外，情緒不只簡單具現一種觀看對象的方式而已，它還牽涉複雜「信念」（beliefs）。由於信念牽涉到我們對事實的認知、價值重要性的評估等等的心理狀態。因此，納斯邦進一步指出情緒的第四個特性為「價值」（value）的關連性。如果我們不認為某個對象是重要或有價值的，就不會放入太多情緒；而唯有對我們重要的人，才有可能牽動情緒，例如：摯愛親人的病痛跟遠方不認識的人之病痛，我們的情緒會去關注前者。該價值關懷特殊之處為：它表現出一種對「個人自身的幸福」與「繁盛發展」（flourishing）的關注，情緒的對象會被視為重要的，乃是因為他（她）在生命歷程扮演著重要角色。換言之，此對象被評價為我們生命的構成之物，在活動之中它以某種關係

跟我們連結在一起，納斯邦稱此為一種「幸福判斷」。（Nussbaum, 2001:
302；薛清江，2018）

　　派特常把自己的人生比作一齣上映中的電影，如果依原來的腳本
看來可能不太妙，但他仍想發揮想像力做些修改的，因為他的情緒指
向某些重要的生命構成之物：過個比較不失序的人生、與蒂芬妮在一
起、盡量不要造成父母的困擾。這些事物對於一般人可能很容易獲得，
但對於命運坎坷的派特而言，有了這樣的幸福判斷，讓他有努力奔跑
向前的動力！

四、議題討論

1、社會新聞中常常會看到這樣情節：男女交往一陣子後，雙方決定要成為彼此的終身伴侶。就在即將訂婚或結婚之前，有一方決定要對另一半完全坦誠，因此把之前不堪的過往都跟對方講。例如：曾經是別人的小三或劈腿無數人等等，最後的結局通常不太好，要不是視同陌路，就是中心芥蒂揮之不去。在《派特的幸福劇本中》派特和蒂芬妮都是直來直往，你覺得這樣的坦誠好嗎？還是保留點私密會比較好些？

2、看到電影裡頭派特不時斷線暴走的情節，你有沒有類似的經驗？如果沒有，你曾發現身邊的親朋好友有類似的「衝動本質」嗎？這究竟是他們情緒的一時不穩，還是真的是大腦中出現了情緒風暴是超出他們所能掌控的？

3、派特所信奉的「一線光明」，對有嚴重躁鬱的人而言，是否為一種「失控的正向思考」？芭芭拉・艾倫瑞克在《失控的正向思考》評擊了正向心理學中的「快樂公式」（H=S+C+V）是種偽科學，其中最大的問題是測量的單位是什麼？你認為快樂是有公式可依循的嗎？如果沒有，目前的你認為快樂是什麼？

4、公視影集《我們與惡的距離》探討了「無差別殺人事件」所引發的諸多問題，除了死刑存廢、加害者與受害者的心理掙扎外，其中也討論「思慮失調症」的鑑定與患者的家庭衝擊。在劇中，可以看到臺灣的社會，甚至是患者自身的家庭，似乎很難接納這樣的人。與《派特的幸福劇本》相較，派特所面對的環境是友善的，特別是家人的包容。請問：如果派特是住在臺灣的話，他的情況會變成怎樣？

5、《派特的幸福劇本》裡，蒂芬妮為了幫派特走出對前妻妮奇的執迷，費盡心力來拉派特一把。蒂芬妮自己也是嚴重的憂鬱症，電影中她看起來除了有點瘋狂外，病情好像不是特別嚴重。一開始她想勾引派特上床，後來又揪他跑步和跳舞，你覺得蒂芬妮是基於什麼動機要來幫派特？想成為他最有價值的朋友，還是在派特身上看到自己以前的模樣，同情心作用的緣故？

五、推坑閱聽

1、肯尼・吉（Kenny G）的薩克斯風音樂欣賞。
   https://www.youtube.com/watch？v=xeykfmdaGxo

2、王明智（2011）。《在深夜的電影院遇見佛洛伊德：電影與心理治療》。臺北：三民。

3、安東尼・史托爾（2005）。《邱吉爾的黑狗》。新北：立緒。

4、凱・傑米森（1998）。《躁鬱之心》。臺北：天下文化。

5、奧利佛・詹姆斯（2016）。《艾倫・狄波頓的人生學校：找回好情緒的日常練習》。臺北：時報出版公司。

6、賀瑪・桑德斯—布拉姆斯／瑪蒂娜・吉黛克、馬力克齊狄、帕斯卡萵雷果利。《琴戀克拉拉》。片長：107分鐘。

7、巴提斯勒貢／ Kacey Mottet Klein、Isabelle Spade、Bernard Alane。《生命有限公司》。片長：79分鐘。

8、達頓兄弟，讓・皮埃爾・達內／瑪莉安・歌迪雅、法布里齊奧・羅吉恩《兩天一夜》。片長：95分鐘。

9、湯瑪士・麥卡錫／理察・詹金斯《幸福來訪時》。片長：103分鐘。

六、參考文獻

1、芭芭拉·艾倫瑞克（Barbara Ehrenreich）（2012）。《失控的正向思考》。新北：左岸文化。

2、柯萊恩（2004）。《不斷幸福論》。臺北：大塊文化。

3、馬修·魁克（2013）。《派特的幸福劇本》。新北：馬可孛羅。

4、塞利格曼（Martin E. P. Seligman）（2009）。《真實的快樂》（二版）。臺北：遠流。

5、蔡振家（2011）。《另類閱聽：表演藝術中的大腦疾病與音聲異常》。臺北：國立臺灣大學出版中心。

6、薛清江（2018）。《正視公民與人性：納斯邦哲學研究》（二版）。高雄：麗文文化。

7、Nussbaum, C. Martha (2001). *Upheavals of Thought: The Intelligence of Emotions*. UK: Cambridge University Press.

第四章

壓力、挫敗感與逆境假設

解讀《進擊的鼓手》中樂手奮發與沉淪間的掙扎

一、前言

　　不知是電影的中文片名跟日本人氣漫畫《進擊的巨人》很像的緣故，乍看之下有些納悶，究竟在「進擊」什麼？看完影片後，直覺是：這位主角未免太上進了吧！簡直就像隻殺不死的蟑螂一樣，任憑裡頭那位魔鬼教練再怎麼羞辱和打趴在地，都可以堅強地活下去！不禁讓人想起很久前由阿諾史瓦辛格所主演的《魔鬼終結者》系列電影中的液態金屬機器人，任憑子彈掃射或卡車輾壓都能迅速恢復原形，並誓死達成它所被指派的任務。

　　如果你沒有聽 Jazz 樂的習慣，不妨隨便 Google 一下 Miles Davies、Stan Getz、Chet Baker 等人的事蹟，會發現他們音樂的背後有著許多暗黑的生命掙扎！或是無法面對自己的創作瓶頸，或是自我被內在的黑暗過往吞噬，甚至是一夕成功後的迷失荒唐，酒精和毒品變成許多著名的 Jazz 樂手的致命弱點，更嚴重者則是嗑到掛掉！這樣的形象，與影片男主角積極進取的設定恰呈強烈對比。

　　我們所處的環境其實相當殘酷，而人生更是條挫敗連連的荊棘之路。從小學到大學，每次考試下來的成績排名總讓人很不想面對；職場中，多如牛毛的規定與層層區分的體制階級，不斷地提醒我們輸人一等。為了生存，要嘛就看開，放棄面對，要嘛就得硬著頭皮，跟它正面對決；而自我該如何調適，便成了無法迴避的課題。透過該影片，我們想跟同學探討心理挫敗時的正向轉化，與它可能觸發的相關負向情緒。

二、電影簡介

在簡介電影情節前，有必要簡要回顧這位鍾愛音樂類型的導演達米恩·查澤雷（Damien Chazelle）編導的作品。打從《進擊的鼓手》開始，到後來的《樂來樂愛你》，不難看出他擅用早期好萊塢歌舞劇的類型來探討藝術追求的理想與現實間的兩難：身為一位爵士樂手是該忠於內在的藝術信念或是屈服於現實生活的壓力？喜歡藝術帶來的感動美好是件很浪漫的事，但回到柴米油鹽的日常後，卻有可能被笑幼稚且不識時務？在我們聽到或看到這麼多厲害到不行的音樂時，是否曾想過為創造出這些東西的當下，這些音樂家需費多少心力來對抗現實的無情壓力？

柯恩兄弟曾拍《醉鄉民謠》（*Inside Llewyn Davis*）（2013）來談這種藝術堅持的辛酸。故事改編自美國民謠歌手戴維·范·洛克（Dave Van Ronk）（1936-2002 年）辭世後於 2005 年出版的回憶錄 *The Mayor of MacDougal Street*。場景設定在 1961 年民謠音樂尚未廣為世人接受之時，相較於影片最後長相酷似巴布·狄倫（Bob Dylan）的歌手進場，主角一生懷才不遇且命運多舛，可說集藝術堅持者窮苦潦倒之大成。當然，就算巴布·狄倫也不知道他後來會得諾貝爾文學獎，說不定，他進場時可能也抱著跟 Dave Van Ronk 的決心！有很多設計學院的同學看完本片不禁抱怨道：藝術創作之路這麼難走，是要逼死誰呀！而對於要不要再堅持走這條路，內心其實忐忑不安。依筆者的長期觀察，畢業後真的能繼續忍受現實的不確定性走下去的人還真的屈

指可數！

回到本文所聚焦的《進擊的鼓手》。故事圍繞在爵士鼓手的安德魯和他所就讀學院指導老師佛列契之間的緊張關係。安德魯對自己期許甚高，希望有朝一日能成為最頂尖的鼓手；而佛列契也不知道是展現他的專業權威或是故意刁難，總是用各種不近人情的磨練方式，讓他幾乎快撐不去。這位魔鬼教頭獨特的教學理念似乎不是安德魯所能理解的。在一次扯破臉決裂後的 PUB 偶遇，這位老師酒後吐心聲講了許多肺腑之言：

> 其實我覺得大多數人不懂我在薛佛音樂學院做些什麼
>
> 我不是去那裡指揮的
>
> 隨便一個智障都能揮手，讓人保持節奏
>
> 我去那裡是為了刺激人，超越大家對他們的期望
>
> 我相信那有絕對的必要性，否則這世界就沒有下一個阿姆斯壯或查理帕克了

到底這位老師是在幫安德魯還是故意刁難，這部分有蠻大的詮釋空間，筆者將這個詮釋可能留給同學們。同學可以試著就自己跟專題指導老師的互動經驗來思索：萬一不幸你遇到專題老師或指導教授像

佛列契這樣，你該怎麼辦？找到老師後發現互動困難重重，如何取消這種師生關係？退出或重找？

最後，值得一提的是，本片故事有點像導演的半自傳。導演原本的志願是想成為一位鼓手，後來不知什麼原因放棄，會不會是他遇到了像佛列契的人？而主角最後在種種難關中殺出一條血路，會不會是導演自身的投射？

或許這類型的音樂電影對你而言相當陌生，作為對照組，筆者希望同學可以找村上春樹的《爵士群像》（I）（II）、《爵士靈魂》（*Miles Ahead ∕ Kill The Trumpet Player*）、《生為藍調》（*Born to be Blue*）等書和傳記影片來觀看，或許對於這部影片會有更深刻的體會也說不定！

三、「挫敗」後，倒趴在地，還是想辦法找到再出發的能量？

前面提到，許多樂手光采四射的形象背後藏著黑暗的藥物成癮，這裡頭可以看出並不是每位英雄樂手都能夠成功地克服自我的不確定性與種種挫敗的歷程。

如果你對爵士樂一點概念也沒有，十分推薦翻翻村上春樹的《爵士群像》（I）（II）兩本書（如果還有時間和興趣，也建議再讀《給我搖擺，其餘免談》）。一來，村上是狂熱的爵士樂迷，以小說家的筆法勾勒出這些樂手的形象，故事性相當強；再者，兩本書的篇幅都很少，大概只有二頁的文字長度，並搭配日本著名插畫家和田誠的油畫與唱片封面，讀起來完全不會有壓力，特別是從爵士樂「狂粉」的角度切入，就算沒有太多音樂背景的人也能接受。每本書都各自選了26位樂手來介紹，一般常會被提到的人物都可以在裡頭找到。以《進擊的鼓手》提到好幾次綽號大鳥（Bird）的查理‧帕克（Charlie Parker），就可以在《爵士群像》（I）頁14至17中查到，除了電影中提到的傳說外，他的毒品、酗酒問題也很嚴重。

以史上賣得最好之一的爵士專輯 Getz／Gilberto 中的史坦‧蓋茲為例，村上如此描述道：

Stan Getz 是一位情緒化地擁有複雜麻煩的次中音薩克斯風手，而他的人生也絕不算安穩幸福。抱著像蒸氣壓路機般巨大高壓的自我，以及大量的毒品和酒精腐蝕靈魂，從懂事開始到停止呼吸為止的大部分時期，幾乎都與安定平穩的生活無緣。多半的情況，讓身邊的女人們飽受傷害，朋友們也都心灰意冷離他而去。（村上春樹，1998：26）

如果你有機會透過 YouTube 聆聽一下這張 60 年代風行的 Bossa Nova 專輯，會發現優美的薩克斯風旋律和上述文字描述反差強烈，也很難想像吹奏者的人生課題如此複雜難解！

搖滾樂手也好不到那裡去，像同學們熟悉的臺灣天團五月天的健康清新形象是個異數。不是說所有的樂團非得要廢才行，而是相關的樂手傳記或電影裡頭的情節，樂手們總是無法脫離現實暗黑的成癮深淵。例如：奧利佛・史東導的《門戶樂團》（*The Doors*）中的 Jim Morrison、湯姆・克魯斯主演的《搖滾時代》（*Rock of Ages*）男主角等等，族繁不及備載。哈利・夏畢洛（Harry Shapiro）在《等待藥頭：流行音樂與藥物的歷史》中如此描述道：

這種對英雄的貪婪需求，正是藥物／音樂動力學的核心。觀眾渴望搖滾瘋子提供替代體驗；樂手開始被自身的神話、缺乏安全感和音樂工業的暗盤交易困住，而音樂工業本身只向錢看。另外還有一個持續存在的張力：藥物既能夠協

助開發創造力和靈感，也能讓最優秀的樂手走到世界邊緣，甚至越線。（哈利‧夏畢洛，2007：5）

　　通往流行樂界不朽地位的公路上，都是汽車和飛機的殘骸，而廁所和汽車旅館房間裡則是嗑過頭的屍體。（哈利‧夏畢洛，2007：400）

　　作者在書末附錄列了一長串「嗑過頭」的搖滾或爵士巨星的死亡名單，同學們不妨查一下有沒有哪一位你喜歡的樂手也名列其中。我們沒有成為英雄的壓力，平凡如你我者，在一路升學考試的路上，卻也常常感到挫敗。筆者大概從國中時數學就跟不上課本或自修講的東西，高中時更是活在一種莫名考試恐懼中，因為每次數學考卷發下分數都是個位數，而數學老師的冷嘲熱諷便成為每週數學課的家常便飯。進入了大學、研究所，因為英文能力的不足，要不是英聽考不及格，就是擔心英文書看不懂，有時候老師甚至會出現「一個人英文不好，顯然就是人格不好」來羞辱人。

　　當時是怎麼撐過來的，現在回想起來還有模糊，但那時的挫敗感並沒有隨之驅散，成為心中的一塊莫名陰影。這應該叫「數學創傷症候群」，除了算錢外，看到數學的運算馬上出現失智狀態。有時候想想自己竟然還有辦法在這些過程中繼續念完博士學位，也不知道是什麼力量讓自己在自暴自棄的時刻繼續前進的，其中甚至有不少時段是完全被打趴不起，而且頻率還蠻高的。

　　究竟這些挫敗真的會讓人成長，還是內傷不治？對此，海德特在

《象與騎象人》中對「逆境假設」——殺不死我者，必使我強大（尼采名言）——的重新檢視，無疑相當具啟發性：

　　本章就是要來討論以下這個「逆境假設」：即人需要遭遇逆境、碰到挫敗，甚至身心受創，才能把個人的力量、潛力整個發揮出來。

　　尼采這句名言並非金科玉律，最起碼也不是古今中外皆可適用。許多曾經親身面對生命威脅，或親眼目睹他人慘遭暴力致死的人，後來便出現「創傷後壓力疾患」（Post-traumatic Stress Disorder, PTSD），這是一種遭遇重大變故者事後產生的焦慮不安，及過度反應的身心耗弱的情況。出現「創傷後壓力疾患」的人，有些人個性行為一時間會有所改變，有些人則是從此變了一個人：以後只要一遇到逆境：整個人就驚慌失措，不然就馬上精神崩潰。就算我們只是從象徵性的角度來看尼采這句話，但是五十年來有關壓力的研究則告訴我們一個殘酷的事實：一般而言，壓力會對人造成不好的影響，讓人沮喪抑鬱，焦慮失調，產生心臟方面的疾病。所以我們面對這個「逆境假設」時，態度要特別謹慎。（強納森‧海德特，2007：221-222）

　　海德特想說的是，並不是所有的人都能順利在逆境中活下來；而對大多數人來說，「逆境」常會讓人陷於兩難：一個都無法面對逆境的人，會變成一位軟弱不堪的無能者；而過度的逆境則有可能完全毀

掉一個人。這裡的延伸問題為：施壓者究竟該如何拿捏，受壓者又需哪些調適之道？而為什麼有人可以成功克服，有人則倒地不起？

由於每個人對壓力或逆境的感受力有著明顯差異，因此 PTSD 的判別標準無法完全對應到每個人。然而，就自我診斷而言，它則極具參考價值。

創傷後壓力症（Posttraumatic Stress Disorder）	
A.暴露於真正的或具威脅性的死亡、重傷或性暴力，以下列一種（或更多的）形式	1.直接經歷這（些）創傷事件。 2.親身目擊這（些）事件發生在別人身上。 3.知道這（些）事件發生在一位親密的親戚或朋友身上；如果是真正的或具威脅性的死亡，這（些）事件必須是暴力或意外的。 4.一再經歷或大量暴露在令人反感（aversive）的創傷事件細節中（例：第一線搶救人員收集身體殘塊；員警一再暴露於虐童細節下）。
B.出現下列項（或更多）與創傷事件有關的侵入性症狀（始於創傷事件後）	1.不斷發生、不由自主及侵入性地被創傷事件的痛苦回憶苦惱著。 2.不斷出現惱人的夢，夢的內容和／或情緒與創傷事件相關。 3.出現解離反應（例：回憶重現〔flashback〕），個案感到或表現出好像創傷事件重演。 4.當接觸到內在或外在象徵或與創傷事件相似的暗示時，產生強烈或延長的心理苦惱。 5.對於內在或外在象徵或與創傷事件相似的暗示時，會產生明顯生理反應。

創傷後壓力症（Posttraumatic Stress Disorder）	
C.持續逃避創傷事件相關的刺激（始於創傷事件後），顯示出下列一項以上的逃避行為	1.避開或努力逃避與創傷事件相關的痛苦記憶、思緒或感覺。 2.避開或努力逃避引發與創傷事件相關的痛苦記憶、思緒、或感覺的外在提醒物（人物、地方、對話、活動、物件、場合）。
D.與創傷事件相關的認知上和情緒上的負面改變，始於或惡化於創傷事件之後，顯示出下列兩項（或以上）的特徵	1.無法記得創傷事件的一個重要情節。 2.對於自己、他人或世界持續且誇大的負面信念或期許。 3.對於創傷事件的起因和結果，有持續扭曲的認知，導致責怪自己或他人。 4.持續的負向情緒狀態——例如：恐懼、驚恐（horror）、憤怒、罪惡感或羞愧。 5.對於參與重要活動的興趣或參與明顯降低。 6.感覺到與他人疏離（detachment）、疏遠（estrangement）。 7.持續地無法感受到正面情緒（例：無法感受到幸福、滿足或鍾愛的感覺）。
E.與創傷事件相關警醒性（arousal）與反應性（reactivity）的顯著改變，始於或惡化於創傷事件後，顯示出右列兩項（或以上）的特徵	1.易怒行為和無預兆發怒（angry outbursts）（在很少或沒有誘發因素下），典型出現對人或物品的口語或肢體攻擊性行為。 2 不顧後果（reckless）或自殘行為。 3.過度警覺（hypervigilance）。 4.過度驚嚇反應（exaggerated startle response）。 5.專注力問題。

創傷後壓力症（Posttraumatic Stress Disorder）	
	6.睡眠困擾（例如：入睡困難、難以維持睡眠或睡不安穩）。

（資料來源：《DSM-5 精神疾病診斷與統計》（2018）〈創傷及壓力相關障礙症〉）

以同學比較熟悉的專題報告或畢業製作為例。站在老師端，選修的同學或組別如此多，該如何適才適性地提供阻力讓他們成長？法國哲學家盧梭曾說：要毀掉一個小孩子最好的方法是他（她）想要什麼，你就給他什麼。同樣的，要毀掉同學最好的方式就是同學想要怎樣，老師就毫無意見地放水。要不斷地盯同學進度並提供改進意見，其實是件沉重的教學工作；就這個面向來說，如果一位老師願意「精實地」地磨練同學，除非他有嚴重性格問題或吃飽沒事幹，不然該歷程可強化同學抵抗逆境的能耐！

就同學端來想，念大學最好的方式就是：讓我學分全過畢業，其餘不用多管。講白些就是：我只是要來拿學歷的，至於逆境中的成長，就等出社會再說了，或是我可以自己成長，不用在課堂上學。問題是，大學是同學們進社會前最後磨練抗壓能力的緩衝期，進入社會後，壓力不會像學校這麼客氣地進來，而同學也沒有時間來逃避或療傷！因此，要不要設定目標自我挑戰，純粹就看同學的自我期許了。好在，並不是所有同學都只要能輕鬆好過而已，還是有些同學認為一點學習阻力都沒有的課是學不到東西的！

想想壓力鍋原理。壓力鍋由於要在短時間把食物煮熟，壓力太小東西煮不爛且達不到你要的嚼感；壓力過大且忘了開洩壓閥，則容易爆炸。不同於大同電鍋鍋蓋會隨蒸汽起舞，壓力鍋的壓力控制是門學問！好在隨著的科技的進度，坊間出現一種「智慧萬用鍋」，透過電子控制的方式來調整壓力與洩氣，除非電子零件壞了，不然設定好就剩等上菜。類比到現實壓力的調整上，如何適時地偵測壓力且讓自己在壓力之下仍保持情緒健康穩定，希望每天用智慧型手機的同學也能擁有這項智慧！

最後，回到影片中主角的「進擊」問題。筆者曾想，若是我在那樣的情境，我還爬得起來嗎？同學專題提報被指導老師「打槍」後，你要多久才有力氣重新再做？海德特認為每個人對逆境承受能力的不同，牽涉到人格結構上的差異，圖示如下：

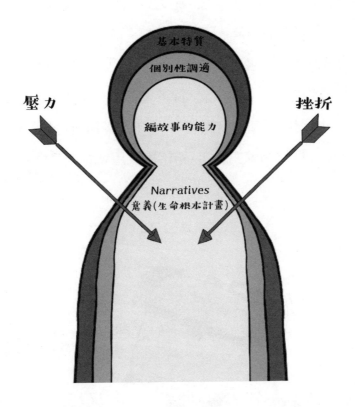

有句廣告詞是這樣寫著：壓力是最好的人生按摩椅。有試坐過按摩椅的人應該都知道，按摩機的力道是可以調整的。然而，真實的壓力則超過我們能調整的範圍，令人難以消受。

未遭逢任何壓力和挫折之前，表面上大家看起來都差不多；一旦外在的壓力進來且令人措手不及時，它們就像是圖片中的箭一樣直接穿透過「個別性調適層」，甚至到「生命意義」的核心層。《進擊的鼓手》主角安德魯的生命根本計畫在於成為頂尖的鼓手（這種近乎偏執

的自我期許貫穿整部影片），而要成為這類型的人物必須有辦法鎮得住全場，因為在爵士樂中鼓手的角色就是主控節奏，該能耐必須要有極大的抗壓性和自信才行。片末演奏會的橋段，那位魔鬼教師使出殺手鐧來刺激安德魯，依筆者的解讀，其實已經直搗他的生命核心，而專業只有一次機會，能不能重回夢寐以求的表演舞臺，成敗關鍵就在此！當然，也有同學在認真看完後直覺就是這位老師太變態了，利用他的權威來惡搞學生；而安德魯也有自虐的傾向，沒事幹嘛跟施虐狂混。筆者比較好奇的是同學們怎麼來看待壓力與挫敗這件事，而為了讓大家在討論與寫作業時更能言之有物，除了大部分同學可以想到待在舒適圈的「逃避耍廢」外（不是說這樣的心態就不好，就某些情況而言仍有其必要性，至少在心甘情願面對現實之前），僅提供底下幾個面對逆境的對照觀點來激發更多的想法。

觀點一：每個人對壓力感受不同，抗壓能力透過自我反思練習是可以提升的

　　為了讓同學更了解自己的壓力承受度或當下壓力指數，請參考底下自我檢測表：

心理壓力檢測表

將所有的分數加總，總分可介於0～40不等，分數越高，顯示壓力越大。

問題	從來沒有	幾乎沒有	偶爾	常常	經常
1.在過去的一個月中，你常因一些出乎預料的事而感到不高興嗎？	0	1	2	3	4
2.在過去的一個月中，對一些重要的事情，你覺得失去了控制嗎？	0	1	2	3	4
3.在過去的一個月中，你有否感到過緊張、有壓力？	0	1	2	3	4
4.在過去的一個月中，你常覺得無法承受所有該做、卻做不完的事？	0	1	2	3	4
5.在過去的一個月中，有許多因你無法控制的事而感到生氣？	0	1	2	3	4
6.在過去的一個月中，你覺得生活中的困難越堆越多，到了無法克服的地步？	0	1	2	3	4
7.在過去的一個月中，你覺得很有自信，能夠處理生活中的各樣問題？	4	3	2	1	0
8.在過去的一個月中，你常覺得事事順利？	4	3	2	1	0
9.在過去的一個月中，你覺得一些惱人的事，大都可以控制下來？	4	3	2	1	0
10.在過去的一個月中，你感覺能夠掌握所要做的事？	4	3	2	1	0
合計					

（資料來源：陳永儀，2006：71）

你能承受的壓力有多大？壓力真的都是不好的嗎？以寫本書為例，如果沒有想把這本書寫出來的壓力，我想可能一直都無法完成。然而，開始動筆後壓力就源源而生，有時候實在很不想寫就放著，要再提筆宛如千金重！實際上，壓力的存在有助於健康及生存能力，而人如果沒有壓力反應能力，則很難適應環境，甚至無法生存。然而，當壓力超載時，則可能導致心理和生理不連串的不適。研究指出，一般性的壓力症狀包括：頭痛、磨牙、肩膀、脖子及背部疼痛、經常性的疲倦及失眠、心悸、經期不定、口乾舌燥、喘不過氣、肌肉僵硬、心情煩躁、沮喪、易怒、健忘、腸胃不適，便秘或拉肚子。（陳永儀，2006：51）原來我們日常生活中的許多不順的狀況，竟然都跟壓力脫離不了關係，而上述都是壓力所造成的外顯症狀，除了大多數同學比較能經歷的腸胃不適外，它還影響了我們體內的荷爾蒙、心臟血管系統、免疫系統、糖尿病及癌症等等，有道是「知己知彼，百戰百勝」，適當地了解自己的壓力指數，可做為調節身心健康的參考依據。

觀點二：適當的逆境讓人長智慧，並培養面對日後可能出現困境的能力

激進的「逆境假設」或許所言為真，但容我們在此先提出警語：要讓逆境對人產生最大的助益，逆境發生的時機一定要對（剛成年時），對象也要對（具備足夠的社會及心理資源者，有才辦法面對挑戰，從中獲益），程度要恰到好處（不能嚴重要造成「創傷後壓力疾患」）。（強納森‧海德特，2007：246-245）

對於大多數同學而言，除非童年時期有太多不好的受挫成長經驗，要不然大學時期的逆境所可能帶來的助益應該不少。而在經歷了國、高中的保護生活，大學時間是進入殘酷職場前最佳的「試錯期」（trial and error）；而唯有歷經這樣的階段，才有可能理解許多人生重要的道理，這些東西都是父母或老師很難透過口語來傳授。海德特借用了羅伯・史登堡（Robert J. Sternberg）的智慧相關研究指出，智慧的特色為一種「內隱知識」，它強調的是「知道的過程」而不是「知道事實的本身」。以面對感情的失落這件事為例，不管在課堂上修多了許多兩性或愛情相關的學分，都無法提供足夠的知識來讓人「知道失戀很痛苦」這件事。而如果你的生活中有出現值得挑戰的目標時，在你遲疑害怕的當下，別忘了去迎向它的同時（當然也要量力而為），也會增長我們面對更多人生挑戰的能力！

觀點三：練習跳出舒適圈，並試著擁抱困境

底下的觀點主要參考艾倫・狄波頓（Alan De Boton）所編的人生學校系列叢書中的《如何維持情緒健康》（菲莉帕・派瑞，2013）、《擁抱逆境的生活練習》（克里斯多夫・哈米爾頓，2016）。第一本書所提的練習方法相當簡明好用，引述如下：

> 拿一大張空白的紙，在中間畫一個圈圈，在圈圈裡面寫下讓你覺得做起來完全自在的活動。在這個圈圈的邊邊，寫下你可以做得到，但是得稍微勉強自己一下才會去做的事——會使你感到有點緊張，但又不至於緊張到做不下去的事。

在這個活動圈外圍，再畫一個更大的圈，在這個區塊中，寫下你有點想做，但鼓不起勇氣去做的事。在這個活動圈之外，再畫一個圈。然後在這塊區域中，寫下你完全不敢嘗試，但有點想做的事，你高興畫幾個圈就畫幾個圈。（菲莉帕‧派瑞，2013：102）

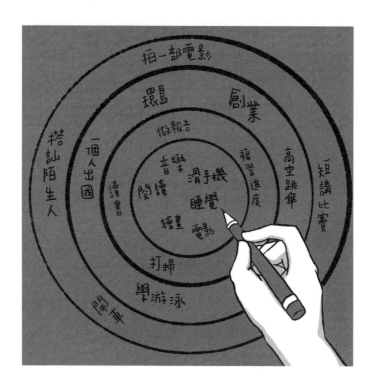

有點好奇同學圈圈中間和外圍想做的事各別是什麼？要讓自己踏出舒適圈真的是件很煎熬的事，它真的需要很強大的自我提醒和意志力。偏偏人生中到處充滿著逆境，小至個人的生理及心理的脆弱與失落，大至家庭及社會的現實複雜壓力，除非命運好到不行，不然要一直待在舒適圈對於許多同學而言是件奢求。很久前看過一齣臺灣連

續劇，著名臺詞是這樣的：「若有神明可做，誰要當畜生」（請用臺語來唸會比較傳神），如果一直有舒適的家庭經濟供應，我猜應該沒有人會想辛苦打工謀生。因此，沒事要同學試著去擁抱困境確實強人所難。只是，同學試著填完上面的圖後，可判斷自己是否一直待在「舒適圈」裡。若是的話，就只能羨慕並祝福你的命真好；若沒有的話也不用太難過，反正最壞也就是這樣了，若是能善用大學這段安全的嘗試期，說不定會遇見一些意外的可能出路！

四、議題討論

1、本課程主題電影《進擊的鼓手》(*Whiplash*)，它描述立志成為頂尖爵士鼓手的主角安德魯與魔鬼教師佛列契之間的衝突與互動，其中涉及了師生間的權力關係、追求卓越的困難過程與必須付出的代價。請問在電影之中，主角和老師之間衝突不斷，一直到劇末達到最高潮。你認為這位老師是真心地要培養一位後進，還是純粹滿足個人的操控欲？

2、電影最後，主角原本要放棄他所堅持的一切，最後卻戲劇性地轉回舞臺，選擇與他的老師正面對決。請參考上文提到《象與騎象人》中的說法，這種「殺不死我者，必使我強大」（借用尼采的用語）熱血式面對逆境的方式適合每個人嗎？如果是，試說明原因；如果不是，什麼樣的方式會比較好？（可試著想像一下，如果是你的話，會跟主角一樣的方式來面對嗎？並可以你曾有過的經驗來闡釋說明之）

3、影片主角安德魯在「進擊」追求目標的路上，為了能專注在他想要做的事，不惜放棄跟女友的戀情，你覺得這樣的抉擇好嗎？（在許多音樂電影中也有類似的情節，可參見《曼哈頓戀習曲》、《曾經，愛是唯一》）

4、你或朋友曾經遇過什麼樣的挫敗是超出你的承受範圍？你還記得當初的你是什麼樣的心情？後來你怎麼克服的？還是到現在都還是你無法面對的痛處？

5、念大學後，隨著年齡的增長及遇到或交往的朋友愈來愈多，你有沒有發現什麼想追求或挑戰的目標？如果有的話，以你目前的情況，你要怎麼來規劃追求的進程與調整脫離原先生活的策略？

五、推坑閱聽

1、克里斯多夫・哈米爾頓（2016）。《艾倫・狄波頓的人生學校：擁抱逆境的生活練習》。臺北：時報出版公司。

2、貝塞爾・范德寇（2017）。《心靈的傷，身體會記住》。新北：大家出版公司。

3、和田誠，村上春樹（1998）。《爵士群像》（I）。臺北：時報出版公司。

4、和田誠，村上春樹（2003）。《爵士群像》（II）。臺北：時報出版公司。

5、村上春樹（2008）。《給我搖擺，其餘免談》。臺北：時報出版公司。

6、約翰・卡尼／綺拉・奈特莉、馬克・魯法洛。《曼哈頓戀習曲》（*Begin Again*）。片長：105 分鐘。

7、唐・奇鐸／唐・奇鐸、伊旺・麥奎格。《爵士靈魂》（*Miles Ahead / Kill The Trumpet Player*）。片長：100 分鐘。

8、勞勃・布德羅／伊森霍克、卡門艾喬格。《生為藍調》（*Born to be Blue*）。片長：97 分鐘。

9、約翰・卡尼／葛倫・漢瑟、瑪琪塔・伊葛洛瓦。《曾經，愛是唯一》（*Once*）。片長：90 分鐘。

10、阿南德・塔克／艾蜜莉・華森。《無情荒地有琴天》（*Hilary and Jackie*）。片長：124 分鐘。

六、參考文獻

1、克里斯多夫‧哈米爾頓（2016）。《艾倫‧狄波頓的人生學校：擁抱逆境的生活練習》。臺北：時報出版公司。

2、和田誠，村上春樹（1998）。《爵士群像》（I）。臺北：時報出版公司。

3、和田誠，村上春樹（2003）。《爵士群像》（II）。臺北：時報出版公司。

4、哈利‧夏畢洛（2007）。《等待藥頭：流行音樂與藥物的歷史》。臺北：商周。

5、強納森‧海德特（2007）。《象與騎象人》。網路與書出版公司。

6、陳永儀（2006）。《壓力：是敵人，還是朋友？》。臺北：時報出版公司。

7、菲莉帕‧派瑞（2013）。《如何維持情緒健康》臺北：先覺。

第五章

自尊心、羞恥感與負向情緒的轉化

《來跳舞吧？》中的人際細微互動與邀約

一、前言

第一次看到《來跳舞吧？》，大概是比同學們再多幾歲的青春黃金時代，只覺得影片有趣好看，不太確定它要表達些什麼；轉眼間，已經結婚生子步入中年，大概跟電影主角的年紀相仿，感覺好像比較懂這部影片的意涵。在構思人際間細微互動議題時，直覺該影片蠻適合推薦給大家。本專題主要以日本版的為主（美版為日版的翻拍），因為談到「自尊」和「羞恥」情緒，日本人過於壓抑、內向的性格特質跟東方人比較相近些。

跟很多同學一樣，筆者從小就很怕上臺說話或報告，常緊張到呼吸困難和拉肚子。總覺得自己沒什麼特別的專長：喜歡聽音樂卻不會唱歌，只要有人揪唱 KTV 就會有壓力；聯考成績不理想填到哲學系，加上閒來愛閱讀和聽音樂，常常被人笑幼稚。偏偏自尊心也不低，常常得忍受外界的評價與羞辱：「什麼專長都沒有，讀哲學將來會餓死呀！」、「書念了那麼久不去找工作，到底行不行？」、「年紀一大把了，還沒有車子和房子，誰敢嫁給你？」好像只要我們沒有符合一般社會大眾的標準，就得準備面對各式各樣的「貼標籤」或「汙名」！為了避免受到羞辱，只好少出現在人群中。

隨著數位科技的發達，這幾年發現選修通識課同學越來越不會跟別人面對面對話交流。或許是習慣手機「打字」（text）模式要切換到「談話」（talk）有點困難，也有可能性格跟筆者一樣「內向害羞」。

而為了活絡討論氛圍，會請教學助理協助，卻不時得面對「拿熱臉貼冷屁股」、「沒人理你」的窘境。不知同學打工或專題製作分組時有沒有遇過類似的溝通困境：當對方不領情或沒有回應時，自己是要放下自尊繼續找話題，還是再想辦法互動？延伸來看，男女朋友吵架冷戰時，誰要先開口道歉或讓彼此有臺階下？朋友間出現嫌隙，該面對面講清楚，還是在 Line 上貼不太確定的表情符號交流？事實上，人際互動遠比同學所想像的來得細微複雜，裡頭有許多「眉角」似乎只能意會而無法言傳。好在，《來跳舞吧？》提供了有趣的情境，有助於我們理解「羞恥」所引發的負向情緒，並探討轉化成良性互動的可能！

二、《來跳舞吧？》（Shall we ダンス？）劇情簡介

　　該片於 1996 年首映，另一個中文譯名為《談談情跳跳舞》（港版）。導演為周防正行，男女主角分別為役所廣司（飾演杉山正平）及草刈民代（飾演岸川舞）。這片另外一個喜劇亮點其實是竹中直人所演的小角色青木，誇張的表情與肢體動作，超搶戲的！他其實還演過《水男孩》、《搖擺女孩》和《交響情人夢》，也一樣好看。由於此片得獎無數且劇本平實感人，2004 年被好萊塢重拍（彼得·卓森執導），主角換作李察·吉爾、珍妮弗·羅佩茲及蘇珊·莎蘭登等。李察·吉爾和珍妮弗·羅佩茲舞蹈跳得好看極了，但總覺日版中男主角一開始笨拙的肢體動作和了無生氣的中年神情比較對味。當然，也有人覺得美版更為華麗流暢，感人強度夠，有興趣的同學不妨比較一下。

　　劇情描述一名典型的日本上班族杉山，在公司擔任營業課課長，家有妻女，家庭還算美滿；但人到中年萬事休，每天例行公事地上下班，一臉什麼都提不起勁的模樣。他在來往公司的電車廂中，偶然瞥見對面岸川舞蹈教室裡年輕的女子正在教國標舞，並常若有所思地站在落地窗前凝視著遠方。實在按捺不住衝動與好奇（也有可能生活實在太無聊了），就下車跑去報名參加。個性木訥，肢體語言笨拙的他，究竟是什麼原因讓他決心學國標舞？是純粹想接近舞蹈教師，還是有其他不為人知的意圖？同時，他太太發現先生經常晚歸，襯衫沾有各種香水味，懷疑先生外遇，並請徵信社協助調查。

這位太太也真是的，擔心先生身上有「粉味」直接問就好，需要這麼大費周章花錢請徵信？難道日本文化「男主外女主內」分際如此分明，連問都不能問？可能是民情的關係，一般中年男子如果突然想去學國標舞一定會被認為有什麼企圖或被當作怪叔叔，電影裡買團體票的三位新進學員都說是因為健康的緣故，顯然是怕被誤會（其中有一位真的有糖尿病）。若為了健康，多數人會選健身房吧，雖然裡面也有女生，至少不會沾到香水。杉山大概是不知道怎麼跟太太解釋自己的中年困境吧？而且他去學舞的動機一開始是想接近岸川舞，這就更難啟齒了。

故事另一條支線為青木和高橋豐子這兩位資深舞蹈學員。豐子喪夫後忘不了跟他先生生前跳舞的美好，因此全心投力業餘賽的練習。最後因為練習和工作累倒了。為了協助她，資深教師玉子建議青木、杉山跟豐子搭檔參賽，就在比賽時杉山的太太和女兒到場觀看，杉山分心而跌倒，跟太太告白後決定不再跳舞了。而岸川舞即將離開舞蹈教室往專業賽發展，出發前想邀杉山跳最後一支舞……

三、被「打槍」後，是「見笑轉翻臉」（惱羞成怒），還是「知恥近乎勇」？

不知同學們對日本有什麼樣的印象？相較於韓劇中像泡菜嗆辣的韓國人，日本人「頻繁的禮數」（如「鞠躬」）、「整潔的環境」、「刻意與人保持距離的拘謹形象」，想必去過日本或常看日劇的人不陌生。人類學家潘乃德在《菊花與劍：日本的民族文化模式》中指出：日本人對秩序和階層制度的信賴，幾乎和美國人對自由平等的信仰一樣。這些外人看起來的不平等制度，對他們而言就像呼吸一樣自然。只是，集體化的階層制度容易把人壓得喘不過氣來，而且不是每個人都能適應！

要了解日本人的行為方式，「義理」是個首先必須考察的文化和道德現象。潘乃德將之定義為「正道，人應該走的路；為了避免向世人道歉而勉強做的事。」（潘乃德，1991：123），和「義務」最大不同之處在於其中「勉強」一詞，它有心不甘情不願的意思，彷彿為了向社會、他人交待而不得不去做的行為義務。該「義理」又可區分為兩種類別：一種是「對世間之義理」，指個人對同儕報恩的義務，類似契約性的關係之履行，其中對於姻親家族所應盡的義務最沉重；另一種則是維護名譽不受汙染的義務，名為「雪恥」（或稱為「洗刷汙名」的義理），兩者同等重要。對於後者而言，跟「恩」的領域無關，它要求個人要掃除自身受到的誹謗和侮辱，而且是不擇手段，其中極

端者還會自殺，以維護自身的名譽。就此，復仇不能算作是一件傷害事件，而是日本社會允許的「德行」。潘乃德認為，日本人以一種「過度防衛」的方式來避免丟臉：

這種敏感性，當一個人在競爭中失敗時，就特別的顯著。這類情境，也許只不過求職未被錄用，或者考試落榜。敗者稱這種失敗而「蒙羞」；而且，雖然有些時候這種恥辱是發奮圖強的強大動力，在許多場合卻是意氣消沈的危險起因。敗者喪失了自信心，變得憂鬱或忿怒，或者兩者兼具；他的努力完全受到阻礙。（潘乃德，1991：140）

然而，「羞恥感」是與生俱來的情緒，再怎麼防衛也無法避免，學者們稱之為「原始羞恥」。人出生後，漸漸脫離母體的餵養，本來以為是宇宙中心或全能的嬰兒發現自己不再是獨立自足的個體，而是必須依賴他者時，羞恥感於是產生。隨著年齡的增長，該依賴所帶來羞恥並未減弱：我們渴望能與朋友互動、開始產生各種需求（性慾、依賴感、認同感），追求種種理想的價值（學業、外貌、經濟地位等等），我們就必需承受種種「求有不得」的失敗感，同時自己跟自己、他人間存在著一種緊張的張力：是要拉下臉來提出需求，還是裝酷淡定等別人低頭？納斯邦認為，這一切都跟個人對自己感到不滿足並想追求完美的預期心理有關，並容易伴隨著空虛感與挫折感。不僅如此，過度羞恥還容易與其他情緒結合衍生負面連鎖反應，分別是屈辱、尷尬、噁心、罪疚、憂鬱、惱怒等等。（納斯邦，2007：316）柏納德‧

威廉斯（Bernard Williams）亦指出，早在古希臘時期，羞恥感一直是文學和哲學探討的主題，同時也是人性中裡難以抹除的必要張力：

> 儘管羞恥及其動機總是以某種方式包含著一種涉及他者目光（gaze）的觀念，但重要的是，在它發揮作用的大多數場合，只要有想像中的他者的目光（the imagined gaze of an imagined other）就行。當然，這並不適用那種最簡單的情形，即對於裸身暴露的羞恥；某個害怕在那種狀態下暴露在一個純粹想像的旁觀者之前的人，他所害怕的是也自己的赤裸，而他的這一恐懼則是病態的。但是，在朝向更加一般化的社會羞恥的進程中，想像中的旁觀者可以很早出現。沙特描述了一個透過鑰匙孔偷看的人，他突然意識到自己正被人觀察。他可能會認為做這事就讓人羞恥，而不僅僅是做這事時被人看見。（威廉斯，2014：90-91）

可知，只要有他人存在，甚至連想像中的他人目光，就有可能觸發羞恥感。威廉斯進一步剖析道，羞恥還跟他者的身分、態度有關。如果是來自我們鄙視的旁觀者之負面觀點，我們並不會覺得怎樣；如果對方是我們比較在意的，則有可能陷入病態的恐懼。換言之，它跟自我怎麼看待自己和他人的態度有關。納森尼爾·布雷登（Nathaniel Branden）強調「自尊」（self-esteem）主要兩個要素為：「自我效能」（self-efficacy）和「自我尊重」（self-respect），前者指面對陌生挑戰時所持的基本自信，能夠了解到自己的能力和興趣在哪；後者為自認

有獲取快樂的權利，並能適度地堅持自己的想法、欲求和需要。（納森尼爾·布雷登，1996：39）大多數的人是「自尊」和「羞恥」兩種情緒共存，有時候覺得自己應該達到預期的完美狀態，實際上並沒有，其中的心理落差，後座力強大，不宜輕忽。以上臺報告為例，我們期待努力準備的內容會引起廣大的迴響，實際上觀眾都低頭滑手機或沒任何反應，此時，我們會不知道如何轉化這樣的情緒：是惱羞翻臉罵聽眾呢？還是抱著自責和憂鬱下臺？

由此可知，並不是人人都能與羞恥和平共處的，《小王子》裡有個適應不良的案例。話說小王子來到住著酗酒者的星球，看到他像澆花般地灌酒，便問道：

> 先生，為什麼要喝酒呢？
>
> 酒鬼答道：喝酒可以遺忘！
>
> 小王子再問：遺忘什麼呢？
>
> 酒鬼答道：遺忘恥辱！
>
> 小王子問到：你有什麼恥辱？
>
> 酒鬼答道：我以酗酒為恥！

對話中有種惡性循環，說明要跳脫羞恥的不易：一開始只想遺忘不如意事而喝酒，反而加深恥辱感，更無法面對現實和「為什麼會感

到恥辱」的那個自己。我們常對自己有過高的要求和期望完美，但是
達成的能力又有限，羞恥以一種不穩定且緊張的方式存在於自我之
中。也許，跳脫「酗酒之恥」的方式就是戒酒，但在自我問題未解決
之前，這樣的惡性循環還會繼續，要不然社會中就不會有那麼多酒鬼
了。

以《來跳舞吧？》中三個段落來對照，將有助於同學們掌握上述的闡釋。國標舞和熱舞、街舞、土風舞、啦啦隊表演明顯差別在於：除了音樂、服裝講究外，舞伴的選擇和互動更是馬虎不得，而跳的過程身體不時得緊貼碰觸。由於國標舞伴間的距離實在太近了，任何細微的肢體動作，甚至是身體的氣味，都可能令人不悅，若無法適時調整，這種關係很難維繫下去！因此，請同學試著回顧底下三個片段：

　　片段一：青木跳舞時都只管自己，前前後後不知換了多少舞伴，這些舞伴在打槍他時候說了這樣一句話：「跟你跳舞時很不舒服」，「不舒服」這句話除了讓人聽起來很丟臉外，也表達出舞伴間的直覺反應！

　　片段二：跟杉山同期進舞蹈教室的新進學員田中正浩，戴著黑框眼鏡且略嫌肥胖。醫生建議跳舞可改善糖尿病，學了不久後就迷上。只是他汗腺實在太發達了，一次和心情不好的豐子跳時，豐子嫌他流這麼多汗實在讓人噁心。曾被女友嫌棄的他不禁悲從中來，並問道：我真的那麼的噁心和令人討厭嗎？

　　片段三：男主角杉山學舞不久，等待岸川舞教完課後，尾隨在後，企圖邀約對方吃飯。這位老師以為對方存心不良而拒絕，並說了很不客氣的話。男主角被說得啞口無言，摸著鼻子就走人，臉上出現極尷尬的神情。

　　為什麼青木舞伴總會有不舒服的感受？關鍵的因素可能是他都只顧著自己跳而無視舞伴的感受，或是太過愛秀讓人難配合。也許因

為禿頭導致自信不足，需要有年輕貌美的舞伴來陪襯，然而，女舞伴們條件這麼好，說不定也想找更帥更有魅力的伴，青木硬要表現得很厲害的樣子，反而惹人厭。田中正浩的肥胖與汗臭味是短時間無解的體質限制，他其實有自知之明。而豐子如果不喜歡大可不必邀對方，找人共舞又要批評對方，簡直就是自找麻煩，也讓自己蒙羞。杉山跟那位女老師並不熟，突然邀約吃飯，難怪對方會覺得居心可議。杉山找她吃飯究竟有什麼企圖和期待？岸川舞其實也無從回應他，只覺杉山假借跳舞來接近她，根本沒認真看待跳舞這件事。後來杉山認真投入練習後，兩人才有交集和互動。

深入來看，以上三個片段的共通點為：誤判情境，無法回應對方的期待。社會學家厄文‧高夫曼（Erving Goffman）曾用戲劇的概念來解讀日常生活人們維持自我形象的複雜面，而人際互動有如表演一般，演員必須能夠針對情境來配合演出。因此，如何「識相地」不讓個人陷入窘境，必須審慎地辨識與判讀彼此的期待。他說道：

……任何一種情境定義都具有明顯的道德特質（moral character）。我們在本書中所主要的討論的正是情境定義中的這種道德特質。社會組織的原則是，每一位具有某些社會特質的個體都有一種道德權利，希望別人尊重他，並以某種合適的方式來對待他。與這一原則相適應的第二個原則是：每一位明確或不明確地表示他具有某種社會特質的個體，在實踐中都應當做到言行一致，表裡如一。因此，當一位個體

對情境做出某種定義，並根據這一定義明確或不明確地聲稱他是怎樣一種人時，他便自動地對其他人產生了一種道德要求，使他們根據這種類型的人所能期待的方式來衡量他的價值，並根據這種方式來對待他。（高夫曼，1992：13）

然而，現實中的人很少是「言行一致，表裡如一」的。大部分的場合，多數人都是配合演出而不會展現比較真實的一面，因為在還不清楚彼此希望的對待方式之前，需歷經一段細微的探索過程。以同學熟悉的大學生活為例，如果別人跟你在一起不舒服的話，通常是直接或慢慢地避開，而不會明講，例如：身上汗味太臭、講話嘴巴有味道、上完廁所褲子拉鏈沒拉、分組專題討論或畢製時搭便車而不做事、社團活動或聚會只會袖手旁觀。如果避不掉，我們的情緒將會處於極大的壓力之下，例如：宿舍室友難相處，會讓你覺得不舒服，長久下來甚至會影響身體健康。

在信任感未建立之前，施與受之間不容易找到正向的互動模式，為了減少人際互動時被「打槍」，個人必須培養足夠的「自覺」與「尊重」：有沒有意識到自己造成別人的不便或困擾？是否能偵測到別人的不悅或反應？別人拒絕了之後，是死纏爛打，還是尊重對方的意願？若是被他人告知「你讓人不舒服」，是否能找到比較正向的方式來轉化內心情緒波動？前面舉的三段情節，主角和配角們的表現都相當正向：杉山被拒絕後認真思考來跳舞的初衷，豐子在傷人後自覺理虧立即道歉賠罪，青木則是發憤圖強，用練舞來化解內心的負向糾結。

因此，面對「羞恥」，調適得當者，它其實仍有正向的功能，而放任它跟其他負向情緒結合，則有可能發生斷線暴走的情事。

羞恥的反思

別人的態度　　　　　　　**自我調適**

你很可恥 ── 哲學反思
　　　　　　　　　　正向 → **知恥近乎勇**
　　　　　　　　　　負向 → **見笑轉翻臉**

　　的確，若個人長期暴露於羞恥之下，極可能造成嚴重的心理創傷。許多親密關係中隱藏著這種風險，在此關係中，自我處於高度開放與脆弱性，連帶地傷害性也大。因此，「邀請他人來感到羞恥」不是好的策略，納斯邦提醒我們，比較好的方式是「個人的覺知」。她說道：

　　成為一個成熟的人，有一部分就是接受自己「道德上」的不完美，並承認自己追求有價值之個人理想（包括道德理想）的努力還可以藉著他人的洞察而更進一步。這就是「微細互動」所主張的面向之一：一個人在與朋友的互動中，可以得到道德上的增長。而對於朋友和所愛之人的信任，即是學會重視他們對於自我及人格的意見。如果在私人關係中，一個人不會為他人就其人格的批評感到羞恥，則形同將自己

隔絕於親密關係之外。對於羞恥的敏感，乃是親密關係中將自我開放的一部分。（納斯邦，2007：329）

如果我們不必有求於人，並停止人際互動，就不會出現困窘的局面。但這很難做到。一來，他人一直存在，「原始羞恥」無法避免；二來，為了避免傷害而拒絕進入親密關係，只會讓自我更加封閉。而當一個人完全不會感到羞恥的話，也不會是個好朋友或好情人，因為死不低頭認錯或聽不進別人善意勸告的人，在人際互動中不會是好夥伴。例如：約會遲到毫無歉意、一直麻煩朋友而不會不好意思者，深交之前可能得三思！既然「羞恥」已是生命內在結構的一部分，如何與它和平共處變得無法迴避。結合納斯邦的觀點與《來跳舞吧？》，我們至少可以看到幾個具建設性的建議：

1、 杉山透過跳舞重新審視自己的家庭生活，並結交興趣相投的朋友。可見人際互動中感到羞恥並不見得是壞事，而「出於自覺」的羞恥有助於親密關係的建立與人格的健全。

2、 岸川舞常常找不到伴去參加國際標準舞比賽，原因是她只想贏而把舞伴當成工具，讓對方感受不到價值感。這提醒我們，人際邀約時必須留意彼此是否有共同的價值或互相尊敬，少了這項元素，除了關係難維繫外，甚至還會互相傷害。

3、 青木和田中正浩的外貌都不理想，但並未阻止他們想練舞的決心；豐子忘不了跟亡夫跳舞的美好，在舞蹈教室找到了慰藉。杉山面臨了中年危機，卻能放下身段，從一成不變的生活尋找樂趣。

由此看來，降低自尊心，承認個人的不完美與脆弱無助，可讓人生過得自在些；若能加入援助團體，透過細微互動，可以找到更多志同道合的好友。

最後，誠如片末女主角「Shall we dance？」的邀約，希望同學也能省思人際互動時出現的羞恥感，並試著在施與受之間找到自己的舞步！

Shall
we
dance?

四、議題討論

1、日本是個很怕丟臉的民族。人類學家潘乃德在《菊花與劍》中提到「恥感」這概念。請問：在《來跳舞吧？》中，主角是如何克服這種障礙，並將該情感轉向一個比較正面的方向？

2、一個受到別人的拒絕時，除了感到「羞恥」外，還有可能引發性格中相關的負向心理，像是：憤怒、憂鬱、攻擊等暴力行為，臺語中有句「見笑轉反面」（「惱羞成怒」之意），你認為什麼樣人格特質的人比較會這樣？

3、相關的音樂認知心理學指出，舞蹈動作是人類特有的溝通方式，跟口語能力一樣重要。透過音樂來進行同步歌舞，除了是社交活動的一環外，還能促進不同個體間的信賴和友誼。你認為音樂或舞蹈真的是件有助於人際互動的媒介嗎？試就你曾跟別人一起唱歌或跳舞的經驗來陳述之。

4、《來跳舞吧？》中，男主角杉山加入國標舞學習的機緣是在通勤電車上看到女主角在教室窗口的身影。看完影片後，你覺得他真的純粹只想跟這位老師跳支舞而已，還是有其他非分之想？如果是前者的話，女主角身上有什麼樣的特質吸引到男主角？如果是後者，依你的直覺或第六感，男主角的企圖是什麼？

5、同學的爸爸年紀大概和影片主角杉山相近。假設同學的爸爸突然去學國標舞，你或你的家人會不會覺得很奇怪？

6、本章中提到了影片中三個「被打槍」的情節，不知你對於主角的反應有什麼看法？如果（萬一不小心）是你處於類似的情境，會怎麼處理或調整自己的情緒？

五、推坑閱聽

1、高夫曼（2010）。《污名：管理受損身分的筆記》。新北：群學。

2、蔡振家（2013）。《音樂認知心理學》。臺北：國立臺灣大學出版中心。

3、三宅喜重、小松隆志、植田尚／阿部寬、夏川結衣、國仲涼子、塚本高史、高島禮子。《不能結婚的男人》。日劇集數：12 集。

4、武內英樹、川村泰祐、谷村政樹／上野樹里、玉木宏。《交響情人夢》。日劇集數：11 集。

5、矢口史靖／上野樹里、平岡祐太、本假屋唯香、貫地谷詩穗梨。《搖擺女孩》。片長：105 分鐘。

6、戴倫・艾洛諾夫斯基／娜塔莉・波曼、文森・卡索、蜜拉・庫妮絲。《黑天鵝》。片長：108 分鐘。

7、大衛・芬奇／班・艾佛列克、羅莎蒙・派克、尼爾・派屈克・哈里斯、泰勒・派瑞。《控制》。片長：149 分鐘。

8、喬瑟夫・魯賓／茱莉亞・羅勃茲、派屈克・柏金、凱文・安德森。《與敵人共枕》。片長：98 分鐘。

六、參考文獻

1、布芮尼・布朗（2013）。《脆弱的力量》。臺北：馬可孛羅。

2、柏納德・威廉斯（2014）。《羞恥與必然性》。北京：北京大學出版社。

3、納斯邦（2007）。《逃避人性：噁心、羞恥與法律》。臺北：商周。

4、納斯邦（2018）。《善的脆弱性》。南京：譯林出版社。

5、納森尼爾・布雷登（Nathaniel Branden）（1996）。《自尊心》。臺北：遠流出版社。

6、厄文・高夫曼（1992）。《日常生活中的自我表演》。臺北：桂冠。

7、潘乃德（1991）。《菊花與劍：日本的民族文化模式》。臺北：桂冠。

第六章

同理心與正視他人之痛苦

從《睡人》談音樂的穿透性與療效

一、前言

隨著教學年資增長，每年與出現在課堂中同學的年齡差距愈大。有時候好奇問一下同學們父母年齡，有些竟比我小。還好目前為止還沒教過同學的父母，最多只有姑姑被我教過而已。在感嘆歲月不饒人的當下，偶爾會想到《班傑明的奇幻旅程》這部影片。故事跟時間倒轉有關，帶些奇幻色彩：班傑明（布萊德·彼特飾）生出來就是位臉皺到不行的老小孩，隨著年齡增長愈變愈年輕。而跟他在養老院認識的小女孩黛絲（凱特·布蘭琪飾）則漸漸長大、成熟、變老。由於兩人時間運行方式相反，各自際遇不同，直到年紀相仿時生命才有交集。

可惜時間無法逆轉，頭髮花白的筆者離同學生命經驗愈來愈遠。以本課程所規劃的閱讀文本或音樂媒體為例，更可看出彼此處於平行時空。同學聽的、看的東西，對我而言完全是陌生的；而我想推薦的經典作品，同學聽都沒聽過。如何拉近「教」與「學」之間距離，可能得發揮些想像力和同理心來理解對方！

本專題談的是「同理心」（compassion），並延伸討論音樂的穿透性與療癒功能。以《睡人》（Awakenings）為主題電影的原因為：主角馬康醫師是位長期關注病人痛苦的腦神經醫師，與我們熟悉的醫師形象顯然不同。作者奧利佛·薩克斯（Oliver Sacks）字裡行間所傳遞出的人道關懷，具有一般科普作品少見的獨特感染力。在快二十年的歲月裡，筆者在旁觀他人與面對自身的生命無常時，常常會想到該影

片曾經帶來的啟發與感動。對於他人的苦痛，最多只能「感同身受」，
很難「設身處地」去正視。也許透過音樂感受覺知能力的培養，有助
於我們以想像的方式來承認：在病痛苦難之前，他人跟我們沒什麼兩
樣。

二、《睡人》劇情簡介及文本閱讀

據薩克斯自述,《睡人》這部小說同名電影描寫的是他在美國卡美山醫院的一段行醫紀錄。該院收留了許多嗜睡性腦炎病患(症狀包括發燒、倦怠、嗜睡、眼肌麻痺;其他症狀如顱神經病變、吞嚥困難和半側偏癱。可能呈現處於昏睡狀態或譫妄和過度激動現象,且有視幻覺),而隨著新藥「左多巴」(原用來治療阿茲海默症)的問世,這群一直受疾病禁錮的人突然奇蹟地復活過程。這本書記錄了他所經手治療的種種病例,並按病人的姓名來編排,以年月詳細記錄了治療前後的身心反應及成效。相較於專業醫學術語的病例,本書關注的重點有所不同:他特別強調,比起疾病本身的醫學研究更重要的是患者對疾病本身的反應,以及在其中掙扎求生的獨特經歷。他指出:

> 當我還在求學或當住院醫師時代,在奇怪陰鬱的環境中,疾病或生命的活力、有機體求生的掙扎奮鬥,都是沒人強調的觀點,醫學文獻中也不提。可是遇到這些後腦炎症患者時,我就堅決相信,這才是看待它的唯一方式。(薩克斯,1998:32)

也正因為這種堅持與投入,薩克斯以「身為一個人」的同理心參與這些病患的生命歷程。請同學回想一下去醫院看病的經驗,會發現醫生沒有太多時間和耐心聽你講話,大多數情況是埋頭打藥單和記錄病歷。基本上醫生與大多數病人之間,像是住在不同星球的居民,不

太容易有深刻的互動與信任。對薩克斯而言，病人不只是病人，而是身兼朋友和老師的身分；《睡人》這種傳記式的研究，不僅保存了他們生活中的種種，更是可以作為人類苦難和求生的借鏡！如果同學有興趣參考他的《勇往直前》這本傳記，出身醫生世家的他，有個思慮失調症的哥哥，以及到 70 幾歲才出櫃的同志身分。這些不為人知的苦難，使他能以「設身處地」的悲憫心來看待生命百態！

茲節錄《睡人》〈羅納德・L〉開頭文字如下：

> 1966 年春天，L 先生 46 歲時，我初次見到他。當時他除了右手非常輕微的動作外，完全沒有隨意動作，也無法開口說話。十五年來，他與外界唯一的溝通管道，只是用右手在小木板上寫出他的訊息。這種情形還一直繼續到 1966 年的春天，他服用左多巴以後，才有了變化。雖然幾乎完全無法行動，他卻酷嗜閱讀（由別人代為翻書），擔任醫院圖書館管理員，還是每月書評的製作人，登在醫院出版的雜誌上。初次見面，我就覺得他的智力不凡，學識豐富，世故練達。讀過的、想過的和經歷過的，他都記住不忘。內省和研究的熱誠，超越我所有的患者。以後多次接觸，更証實了這個印象。最嚴重的病情，加上最肯研究的才智，使他成為最「理想」的病人。認識他的六年半之間，我從他學到的巴氏症、後腦炎症、人類的苦難、人性方面的知識，超出從其他病人學到的總和，值得為他寫一本專書。（薩克斯，1998：174）

電影中，馬康（Malcolm Sayer）醫生其實就是薩克斯的化身，由擅於模仿的羅賓・威廉斯（Robin McLaurin Williams）主演，傳神地演繹出一段令人動容的醫病關係。而裡頭另一位要角為勞勃・狄尼洛（Robert De Niro），扮演已沉睡三十年的病患李奧納，影帝級演技讓薩克斯驚嘆簡直就跟真實病人一模一樣。故事除了兩人的互動外，更旁及家人與病人、醫護專業人員與病人之間的深刻情誼，看似樸實無華，細想卻感人揪心。

可能是電影編劇怕病人的故事太沉重，因此，讓羅納德甦醒後遇見愛情。一位常來同家病院唸書給中風父親聽的女孩，剛好出現在羅納德面前，而原本生性內向的他找各種機會接近她。好景不常，隨著藥效的衰退及伴隨而來的後遺症，他性情變得狂躁不安、抽搐、腦中充滿色情和淫慾幻想（這部分電影沒演出來）。他發現自己情況愈來愈糟，因此找了機會跟女孩告別。女孩沒有嫌棄他怪模怪樣，並拉住他共舞，之後，羅納德無助地從窗口看著她離去，沒多久就又進入「睡人」狀態。

這樣的故事讓人看得很心痛，羅納德一開始就不要醒來會不會比較好？如果羅納德還有意識，他所承受的失落又有多大？另一部改編自薩克斯《火星上的人類學家》（第四章〈寧可再度失明的人〉）的電影《真情難捨》（*At First Sight*）（1999），男主角最後的抉擇，值得參考對照。

在紐約北方的小鎮當按摩師維吉爾（Virgil）自小失明，他生活簡單、個性樂觀開朗。艾咪（Amy）是曼哈頓的年輕建築師，來到小鎮度假，兩人因此相遇並墜入愛河。維吉爾經過一項實驗性手術之後，漸漸恢復視力，並重新學習一切的事物；而正當他快適應光明世界時，失明的黑暗卻悄悄襲來。

如果是你是維吉爾的話，要不要選擇動手術？如果你是艾咪的話，要選擇離開還是陪伴？如果其中一位是你的親友，又該如何看待？在惡運尚未降臨之前，我們總以為現有的一切都是那麼地美好且理所當然，或許看看薩克斯筆下的芸芸眾生，會更懂得珍惜當下的一切！

三、一聽入魂：從「感同身受」到「設身處地」的可能

　　筆者在第一章《導論》中曾提及科大同學「奄奄一息」的學習狀態，有些人除了對外在環境無感外，也常常不知如何與其他同學互動；究其背後因素，缺乏「同理心」可能是主因。而從倫理學的角度來看，「同理心」是一項關鍵的道德情感，在人際互動或道德推理的過程中，和道德認知一樣重要。對此，美國當代哲學家納斯邦指出，身為一位現代公民，除了要有批判思考力外，還必須具備兩種情緒感知力：承認且關心他人的能力，以及設身處地為他人設想的敘事想像力。對她而言，情感絕不是一種盲目的動物性衝動，而是具有一種「智能」。它是良好倫理生活的構成要素，少了它，我們無法在複雜的道德情境中作出好推理；情緒意向性失能時，我們會找不到實踐的動力，並在行動當下找不到該注意的重點，甚至迷失方向。（納斯邦，2010；薛清江，2018）

　　至於「同理心」的具體內涵為何，我們不妨參考底下這份以本土大學生為研究對象且信效度均高的「同理心量表」（林晏萩，2013）中所列舉的向度和題目：

同理心量表

正向題：將所有的分數加總，分數越高，顯示同理心程度越高。

問卷向度	問題	從來沒有	偶爾	有時	經常	總是如此
情緒（感同身受）正向	1.當看到有人在團體中落單時，我會覺得難受。	0	1	2	3	4
	2.身邊的人很焦慮時，我也會跟著緊張。	0	1	2	3	4
	3.朋友受打擊而哭泣時，我也會跟著難過。	0	1	2	3	4
	4.我能解讀他人的情緒。	0	1	2	3	4
	5.我很容易被情歌的歌詞所感動。	0	1	2	3	4
	6.如果身邊的人很憂鬱，我也會覺得不好受。	0	1	2	3	4
認知（設身處地）正向	1.我可以明白朋友發脾氣的原因為何。	0	1	2	3	4
	2.與人爭論時，我可以從他的角度看事情。	0	1	2	3	4
	3.我的心情會隨著小說情節而起伏。	0	1	2	3	4
	4.我會對社會弱勢族群表達關心及提供協助。	0	1	2	3	4
	5.我可以體會朋友解決困境後卸下重擔的感覺。	0	1	2	3	4
合計						

負向題：將所有的分數加總，分數越高，顯示同理心程度越低。

問卷向度	問題	從來沒有	偶爾	有時	經常	總是如此
負向 情緒（感同身受）	1.當朋友開始要述說他的煩惱時，我會轉移話題。	0	1	2	3	4
	2.用抱怨來面對挫折的人，我不會同情他。	0	1	2	3	4
	3.我不容易被團體歡樂的氣氛感染。	0	1	2	3	4
	4.看到朋友表現出難過的時候，我不會有任何感受。	0	1	2	3	4
負向 認知（設身處地）	1.因為開心而大喊大叫是一件愚蠢的事。	0	1	2	3	4
	2.對於他人的冷淡，我會覺得很困惑。	0	1	2	3	4
	3.電影情節不會影響到我的心情。	0	1	2	3	4
	4.我很難理解有人會因為挫折而自暴自棄。	0	1	2	3	4
	5.我很難想像怎麼會有人一直犯相同的錯誤。	0	1	2	3	4
合計						

（資料來源：林晏萩，2013：82）

請同學填寫量表並統計一下分數,再對照你和同學互動的情況,對於他人的訴苦,你是選擇傾聽還是顧左右而言他?上表中所區別的「情緒正/負向」與「認知正/負向」,主要指個人對自身情感及他人情緒的感知能力上的程度差別,前者以個人的情感覺知敏銳度為考量,後者則在評估個人「是否能跳脫自身」並站在別人的角度看待事物。以看電影為例,有的同學觀賞時不太有感覺,要進入故事人物的情感世界很困難;有些人則比較容易進入,動不動就痛哭流涕。至於影片內容會不會喚起我們相應的經驗,更是因人而異!情緒感受敏銳者比較容易覺知他人的反應,同時情緒容易被影響。同學不妨試著回想看看,有些早期自己看過且沒有任何感覺的影片,若現在重看出現不同的領悟或感覺,就代表同理心有所增長了。

　　以《睡人》為例,看到羅納德的處境,可能喚醒我們曾經有過的病痛經驗。例如:流感,那種全身無力、骨頭發痠難以動彈的無力感,大概可以想像主角所面對的處境究竟有多沉痛,特別是還要拖累年邁的母親。只是,這種病症未免也太奇特,實在超乎一般健康者所能想像,我們或許可以感同身受,但要如何設身處地呢?馬康醫生似乎可以進入到患者的世界,他是如何做到的?電影中,他總是全心全力地投入治療,幾乎是把病人將家人看待,甚至會帶他們出去兜風逛博物館,簡直跟深交多年的好友沒兩樣。這也是為什麼就算羅納德甦醒後病情惡化的當下,依然要求這位醫生繼續記錄拍攝,並請他向這種病學習!

從生物學的角度來看，人類生存的背後，受到自私基因主宰。（道金斯，2018）而如果自私或利己佔據人性大部分的話，那麼，利他的可能在哪？托馬斯・內格爾（Thomas Nagel）《利他主義的可能性》中指出：利他主義依賴於承認他人的實在性，依賴於把自己當作只是許多人當中之一的相應能力。（內格爾，2015）假設內格爾的說法是可接受的，類比來看電影裡馬康醫師「以病人為友」的熱忱，或許稍微能理解他是如何從「感同身受」跳到「設身處地」。高曼《EQ》中亦指出，利他精神的根本在於同理心，因為要去關懷一個人得先能感受到他人的需要和絕望。（高曼，2016：29）為方便理解，圖示如下：

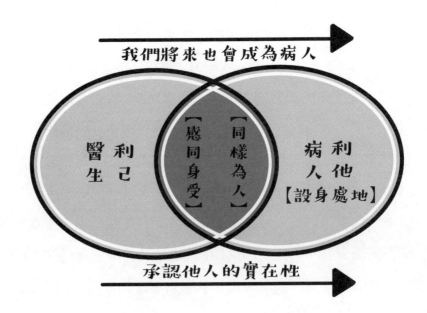

打開任何一本薩克斯的書，不難從醫病互動關係的字裡行間看出，作者關照病患生命歷程，實已到了廢寢忘食的程度！這或許只是個人因素（家庭教育、成長歷程、對腦神經科學的狂熱），然而，更重要的根源是，他對病患身為獨特的人之肯定與尊重，並正視疾病的創造力與大腦的可塑性。他強調：

> 頭腦這種了不起的可塑性，其震撼人的適應能力，甚至在神經或知覺系統發生不幸的特殊（且往往是絕望的）狀況下，已經支配了我個人對病人的了解，以及病患們的生活。偶爾我甚至忍不住納悶，是否有必要為「健康」與「疾病」重新定義，以有機體創造一個新組織與新秩序的能力來看待它們，新組織適合有機體特殊和因病而改變後的習慣與需求，而不只是遷就所定義的「標準」而已。（薩克斯，2018a：9）

如果同學看影片時夠專心，應該會注意到醫師和護理人員利用音樂來喚醒病人大腦的劇情片段，其實這就是薩克斯在一系列著作中關懷的主題！他自述在 1966 年接觸到「睡人」相關病症後發現病人因音樂而動了起來，便開始動念撰寫與音樂相關的書，之後更出版了《腦袋裝了 2000 齣歌劇》一書。他在〈自序：音樂之愛〉描述音樂功用如下：

威廉·詹姆斯曾經提到音樂有感染人的力量。音樂能使人平靜、令人興奮、給人安慰、振奮人心，是我們工作或休憩的良伴。對於罹患神經病症的人，音樂更有強大的療癒力。他們對音樂很有反應，對其他事物則幾乎沒有感覺。這些病人當中，許多人的皮質有大範圍的區域已遭受破壞，像是中風、阿茲海默症或其他失智症等，還有一些則因為某個區域皮質產生病變而出現失語症、失憶症、運動功能失調或額葉症候群等。有些人得了自閉症、智能不足或皮質下症候群（例如帕金森症等運動障礙）。上述病人以及其他病人聽到音樂或接受音樂治療，都可能有不錯的反應。（薩克斯，2018b：8-9）

　　這段引文可以請同學參照另一部薩克斯作品改編電影《最後的嬉皮》（*The Music Never Stopped*）。《進擊的鼓手》的魔鬼教練西蒙斯（J. K. Simmons）化身為一位不知如何跟兒子溝通的慈父亨利。兒子賈伯利少年離家出走後失聯，接到醫院通知才被告知兒子檢查出腦袋裡長出腫瘤，進而造成腦袋受損、認知能力與記憶功能出現障礙：記憶無法再更新，停留在 60 年代搖滾樂的階段。亨利替兒子找了音樂治療師，想利用他畢生最愛的音樂治療他。從小就與爸爸聽不同音樂的賈伯利，當音樂一出現在他的四周，看似喪失作用的腦袋藉由音樂找到了一些和現實生活的連結，但當音樂一按下暫停，他腦袋的思緒也隨著播放器停下腳步，回到人生的某個片段。

原來賈伯利離家前正面臨人生下一個抉擇：身為追求和平的嬉皮與熱愛音樂的他不願意就讀大學，而是想做音樂。就像大多數父親一樣，亨利要他好好讀完大學、找份工作安定生活。兩人的分裂因音樂而重新串聯在一起，聽不同類型的父親接受了兒子喜愛的音樂，父子關係也得以重新修復。

AWAKENINGS

薩克斯提到的案例都相當特殊，可能同學們要遇到還很久（最好不要）。不過，預防重於治療，人難免都會有情緒卡住的情況，此時，借助音樂來強化大腦的「神經可塑性」（neuroplasticity）：一種超乎我們想像的重組能力，則有可能在情緒混亂狀態下找到秩序或前進的動力！甚至，如果同學們發現自己搞不清楚自己為何如此自閉或害怕與他人互動，或許，試著透過音樂來做自我調整是個值得一試的簡單策略呢！最簡單的方法是從同學們熟悉的 KTV 唱歌和聽歌開始。

　　同學可別小看唱歌這件事，要記得歌詞本身需要記憶能力，而要跟上節拍則跟運動能力有關；至於唱到痛哭流涕者，則是觸動到杏仁核的情感能力。像筆者只愛聽歌而不太會唱歌，因為五音不全且跟不上拍子，還好去 KTV 大家都會搶麥克風不放，所以反而可以好好聽歌。國內相關的音樂心理學研究亦指出，我們聽情歌時，我們聽的其實是不只是歌而已，而是涉及一段「從宣洩悲傷到心靈成長」的複雜歷程。蔡振家指出：

　　　　情傷歌曲總是無助地籠罩在負向情緒之中，這種歌曲到底有什麼功能呢？在窮忙生活與冷漠社會之中，抒情歌曲或許反映著面對自我、重建自我的需求。……除了排遣寂寞與自我質問之外，有些抒情歌曲還能進一步指引聽眾，在情感受挫之後獲得心理復原力（resilience）。心理學家所謂的復原力，是指人們歷經不幸事件之後，得以從逆境中復原與成長的本事與強度。（蔡振家、陳容姍，2017：50-51）

在作者的另外一本《音樂認知心理學》中，透過現代腦神經醫學的科技可以看到音樂對於正負情緒的影響，音樂會牽動到不同大腦運作迴路，像是顳葉內側的邊緣系統、杏仁核、海馬、下視丘等等，對於大腦受傷的病患，以及自閉症、精神疾病、高齡族群老化現象、神經復健等等有正面的療效。（蔡振家，2013；William B. Davis, Kate E. Michael H. Thaut, 2008）

以筆者為例，長期聆聽音樂的最大好處，在於改善自閉的情況，以及比較能夠感受到生活中的喜悅和樂趣！所以，當聽不下音樂時，大概可以知道情緒狀況不佳（煩躁或抑鬱）；而腦裡若突然會浮現某些音樂旋律和節奏，甚至不自禁地哼了起來，那心情鐵定好到不行！這樣說來，唱歌或聽歌的好處還真不少；當我們可以唱出自己的心聲或是聽出別人歌聲中的情感時，或許我們比較能跳脫某種負向情緒，除了能採抽離的角度審視生命處境，更能設身處地看待他人的苦難。

四、議題討論

1、不知你有沒有其他感冒（流感）或親人遭逢重大疾病的經驗，
由此來想像一下：我們該如何來理解《睡人》這種「自己無
法控制自己」或「自己拿自己的身體沒辦法」的處境？

2、近年來醫療劇越拍越好，同學比較熟悉的可能是像《醫龍》、
《麻醉風暴》、《怪醫豪斯》、《仁醫》等等。如果同學追劇夠
認真，不難發現裡頭的醫生常會受醫院制度影響而無法好好
當一位醫生。有時為了業績，醫生會做很多不必要的檢查與
開刀。像薩克斯這樣特殊的醫生，在醫療體制下能生存嗎？

3、《睡人》主角羅納德服用新藥「左多巴」後神奇地甦醒，在重
生和遇見愛情不久後病情又漸漸惡化，最後又再度沉睡。如
果最終結果都一樣，會不會不要醒來會比較好？如果是你的
話，你會想接受治療嗎？如果你是他的親人或好友，你會怎
麼幫他抉擇？

4、《最後的嬉皮》電影中，主角和父親聽的音樂類型完全不同，
在某個變故之後兩人才開始音樂交流。依你的成長經驗來
看，你覺得聽不同類型音樂的人可能有交流嗎？如果有，交
流的可能性在哪？如果沒有，是不是喜歡某種音樂後就不會
再接受其他的類型？

五、推坑閱聽

1、奧立佛·薩克斯（2018）。《火星上的人類學家》。臺北：天下文化。

2、奧立佛·薩克斯（2018）。《腦袋裝了 2000 齣歌劇》。臺北：天下文化。

3、蔡振家（2011）。《另類閱聽：表演藝術中的大腦疾病與音聲異常》。臺北：國立臺灣大學出版中心。

4、蘇珊·桑塔格（2010）。《旁觀他人之痛苦》。臺北：麥田。

5、蕭力修／黃健瑋、吳慷仁、許瑋甯、黃仲崑。《麻醉風暴》。電視影集：6 集。

6、吉姆·柯爾伯格／ J.K. 西蒙斯、盧·泰勒·普奇。《最後的嬉皮》。片長：105 分鐘。

7、彼得·維納／詹姆斯·沃克、多米尼克·斯科特·凱。《叫我第一名》。片長：95 分鐘。

8、大衛·芬奇／布萊德·彼特、凱特·布蘭琪。《班傑明的奇幻旅程》。片長：166 分鐘。

9、馬丁·貝斯特／艾爾·帕西諾、克里斯·歐唐納。《女人香》。片長：157 分鐘。

六、參考文獻

1、William B. Davis、Kate E. Gfeller、Michael H. Thaut（2008）。《音樂治療理論與實務》。新北：心理。

2、丹尼爾‧高曼（2016）。《EQ：決定一生幸福與成就的永恆力量。臺北：時報出版公司。

3、托馬斯‧內格爾（Thomas Nagel）（2015）。《利他主義的可能性》。上海：上海譯文出版社。

4、林晏萩（2013）。〈大學生同理心量表之編製——從「恕」與「慈悲」出發〉。國立嘉義大學輔導與諮商學系研究所論文，嘉義市。

5、納斯邦（Martha C. Nussbaum）（2010）。《培育人文：人文教育改革的古典辯護》。臺北：政大出版社。

6、奧立佛‧薩克斯（1998）。《睡人》。臺北：時報出版公司。

7、奧立佛‧薩克斯（2018a）。《火星上的人類學家》。臺北：天下文化。

8、奧立佛‧薩克斯（2018b）。《腦袋裝了2000齣歌劇》。臺北：天下文化。

9、道金斯（2018）。《自私的基因》。臺北：天下文化。

10、蔡振家（2013）。《音樂認知心理學》。臺北：國立臺灣大學出版中心。

11、蔡振家，陳容姍（2017）。《聽情歌，我們聽的其實是……：從認知心理學出發，探索華語抒情歌曲的結構與情感》。臺北：臉譜。

12、薛清江（2018）。《正視公民與人性：納斯邦哲學思想研究》（二版）。高雄：麗文文化。

第七章

情感的悲痛與釋懷

《跳躍吧！時空少女》的穿越生命時間學

一、前言

　　這是一個穿越劇當道的世代。不論你看的是電影、動畫或電視影集，也不管戲劇類型是偶像劇或科幻劇，總會遇到各式各樣穿越橋段。《星際效應》、《黑洞頻率》、《蝴蝶效應》、《你的名字》、《解憂雜貨店》、《在咖啡冷掉之前》、《了不起選 TAXI》、《信號》、《隧道》、《觸不到的戀人》這一長串片單，不知同學曾看過哪幾部？如果都沒有，不妨 Google 一下劇情或用手機看一下預告，你將會發現，裡頭的主角都歷經許多生命創傷與人生兩難抉擇，因為多了時空穿越的可能，之前的悔恨、後悔、遺憾、悲傷、哀慟等情緒，得以藉此撫慰，然後試著慢慢放下。

　　如果同學有過傷痛的經驗，就會發現「放下」沒有想像中容易。以情傷為例，如果那麼好面對，流行歌曲裡就不會出現那麼多療癒系的情歌了。不信的話，同學在 KTV 唱歌時特別留意一下，會發現這類型的歌曲蠻多的。可見，面對重大的傷痛，理智上明白歸明白，情感上是否有辦法放下，真的就只有自己才知道。

　　本專題所用的「悲痛」（grief）一詞，偏向於跟生命中重大的生離死別事件相關的經驗，談的是不太能從我們生命中捨離的「情緒內傷」。由於「悲痛」中可能還摻雜著「遺憾」和「後悔」，也將一併討論。選《跳躍吧！時空少女》來談分手或告白不成的傷痛，或許離喪失摯愛親人的悲傷程度還是不同，不過還是比較適合拿來跟同學們討

論。請同學在上課時特別想一下：在你的生命中，如果像影片主角那樣被允許有重選的機會，你會想回到那個時間點去重作抉擇或彌補缺撼？並想像一下，如果重選後，你之後的人生會有什麼樣的不同？我們常說時間可以撫平一切傷痛，但究竟要多久才能散退，誰也說不準。而參考時空跳躍的法門，借用文學想像力來練習看待生命的無奈與極限，或許可讓自己釋懷些！

二、《跳躍吧！時空少女》／細田守／筒井康隆

　　《跳躍吧！時空少女》至少可以在網路上找到三種以上的不同版本，分別有電視版、電影版和動畫版。本專題用的是 2006 年上映，由細田守監製的動畫版。如果大家對動畫的接受度高，不妨再查一下細田守這個人，《夏日大作戰》、《狼的孩子雨和雪》、《怪物的孩子》、《未來的未來》等電影皆出自他手筆，是繼宮崎駿之後最值得關注的日本動畫導演。細田守作品皆彰顯他的人生觀和哲學觀，從日常細節中提煉出感人的元素。特別是人在感到悲傷或面對死亡時，生命仍然得一點一滴繼續下去。以《跳躍吧！時空少女》為例，「**作品描寫了青春期的懊悔、無法挽回過去的心情，以及即使如此仍要繼續前進的決心。**」（日經娛樂，2017：190）在訪談紀錄片中不忘重申他的生命觀：「人生，勿輕言放棄。只要堅持活下去，就會有好事情發生。想告訴大家，這世上還有許多值得去體驗的事情。」（日經娛樂，2017：15）

　　動畫故事改編自日本當代科幻小說家筒井康隆在 1967 年出版的小說《穿越時空的少女》。原來的小說篇幅不多，大概就九十幾頁的中篇小說，刊載於《初三課程》和《高一課程》雜誌，為了引領青年學子認識科幻小說而寫。相較於其他「充滿荒誕無稽、怪異的意象、瘋瘋癲癲的 SF（Science Fiction，科幻小說）」作品（筒井康隆，2009：7），例如：《盜夢偵探》（由今敏改編成動畫），《穿越時空的少女》顯得清新許多，並以不可思議的時間旅行和離別失去的悲哀來喚起多數

人的共鳴。有趣的是，動畫版本跟原著內容差異甚大，其中甚至男、女主角的名稱也完全不同。同學可試著留意：動畫電影的劇情做了哪些更動？為什麼要這樣改編？在諸多版本之中，你比較喜歡哪一個？

故事主要講述高中女子紺野真琴在 17 歲夏天快結束前的一段故事，看似科幻的情節中卻帶著淡淡的青春哀愁……

真琴常和間宮千昭以及津田功介這兩位哥們打棒球。在傳球時真琴似乎聽到一種遠方不知名的聲音。而在她送作業簿到理科教室時，更聽到陣陣怪聲，突然出現一道人影，嚇得真琴跌倒撞到某樣東西，瞬間天旋地轉，猶如乘坐時光機器般穿梭於不同的時空。

醒來後一切如舊，似乎沒什麼異樣。突然想起早上媽媽託付要送給「魔女阿姨」的桃子之後，趕緊騎著腳踏車趕過去。一如往常的要經過平交道的下坡上，看到前方柵欄放下的警示，煞車卻始終沒反應，在生死交關的瞬間以為生命到此結束，回過神來卻發現依然健在，時間竟然倒轉回幾分鐘前！

與魔女阿姨見面之後，得知了是一種叫做「跳躍時空」的能力。在這種超能力的加持下，真琴的生活變得很不平凡。現實中做不到或預想不到的事，都可以像小叮噹的時光機那樣往返不同的時空，像是用它來吃到被妹妹偷吃的布丁、獲得好成績、卡拉 OK 唱免驚……

直到有一天，千昭在機緣下跟真琴告白，在不知如何面對的當下，她不斷利用時空跳躍來閃避。然而，時空跳躍還是有它的限制，而在

陰錯陽差下，津田功介借了她的腳踏車載受傷的女同學回家，在同一個下坡道時一樣剎車失靈時她卻無能為力，此時，千昭適時伸出援手並暴露出他來自不同時空的秘密……

三、沒有你的未來，讓情感困在過去，還是釋懷活在當下？

　　日本動畫中常會許諾觀眾一個美好的未來！以士郎正宗《蘋果核戰》動畫電影為例，裡頭女主角不捨男友的離去而說了一句「我無法想像沒有你的未來！」雖然有點灑狗血，但聽起來還真的會讓頭皮發麻。如果同學情人節要告白找不到好用的文字，這句話可以參考一下！

　　對於熱戀的情侶而言（請參考本書封背黑白相片），當然很難想像沒有對方的日子要怎麼過。話說回來，在還沒相遇之前兩人還不是過得好好的（不是故意要澆冷水）？這當然是事後聰明的想法，因為有「渴望」、「欲望」和「想像力」的加持，我們期待這樣的美好繼續下去！然而，是否能夠這般如意順心，世事無常，還真的得靠幾分運氣才行。心理學上談到許多像生重病、失去親友、嚴重創傷等等的「臨界經驗」，指日常生活中被視為理所當然的人、事、物突然發生變故，並逼著我們重新思考生命的存在與意義。當我們在乎的人、事、物突然不見了，在世者該如何看待「不再存在」這件事？

　　回到《跳躍吧！時空少女》最後一幕略帶「離別感傷」的片段。女主角眼淚不自覺地流了滿面，問道：為什麼會覺得如此感傷？男主角因為某種時空跳躍的關係無法跟她一起，在消失之前貼近女主角耳邊說了一句「我會在未來等妳」。這是為了安慰女主角放聲大哭的說詞呢（未來渺渺無期，也沒說明確時間和地點）？還是給出不切實際

的期待（現在無法在一起，之後再看著辦）？小說文本中，採用的「抹去記憶」的方式來處理，節錄如下：

消失的記憶

和子吃驚地張大了眼。

「那麼，你打算在回到未來以前，把我腦袋裡有關你的記憶全部刪除嗎？」

一夫悲傷地點點頭。

「沒辦法呀。我回去以後你就會忘記我，這會讓我很難過，可是不這麼做，我在未來將受到懲罰。」

「不要，我不要忘記你！」和子用力搖頭。要是關於一夫的記憶都被刪除了，那麼他們倆相處愉快的點滴，還有他現在的告白豈不是都會被遺忘。不，不只這樣，和子甚至連他的長相也想不起來。

「雖然很痛苦，可是這些事對我而言，都是很珍貴的經驗呀。我不想忘記。而且，你還會記得我吧？永遠……。為什麼只有我得忘記你呢？」

「不只是妳，這個時代凡是與我有關的人，只要是我的記憶都會從他們的腦海裡消失。」

和子內心忽然掠過一陣不安。

……

「那你還會來看我嗎？」眼看著身影逐漸模糊的一夫，和子努力睜大眼詢問。

封鎖器開始啟動，一股薰衣草的氣味化成白霧，裹住了和子。

「我一定會回來看妳的。只不過到時候不再以深町一夫的身分；對妳而言，將是一個全新的陌生人……」

和子的意識逐漸模糊，但她仍拚命地搖頭說：「不，我一定認得出來……，一定的，我一定認得你……」

眼前一片黑暗，和子緩緩地倒向地板，隱約聽到一夫的聲音逐漸遠去。

「再見……，再見……」（筒井康隆，2009：105-108）

小說中的和子就是動畫裡的真琴，而一夫則是千昭，請同學自行替換。男主角一夫本來就不屬於這時空，因緣際會下跟和子相遇，由於兩人都可以時空跳躍，在同一時空中總是搭不起來。有點像電影片頭的棒球傳球運動一樣，要不是漏接就是不想接！種種變數加在一起，兩人雖然不捨，但是多次的時間跳躍讓雙方的心意充分傳達出去，最後，因為現實無法圓滿這段戀情，只好寄託於未來！只是，女主角的記憶被抹去後，失去的悲痛也因此消除，但這是面對失去摯愛的好方式嗎？只剩男主角有記憶，未來還有什麼變數都不知道，萬一他沒來找女主角怎麼辦？萬一他來找女主角時，女主角也有新男友且認不出他，豈不令女主角更痛心（如果記憶恢復的話）？誠如影片中不斷

出現的「時間不等人（Time waits for no one）」，如何在「時間之箭」（見下圖）中把「現在之我」安頓好（同學常說的「活在當下」）為當務之急。倘若無法將過去和未來的影響降到最低，過去的悲痛與將來的不確定性依然會影響「現在之我」；抹去記憶雖然較省事，但整個因果序列都可能亂掉。

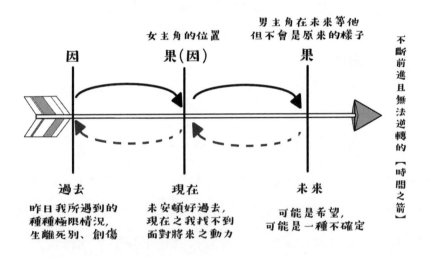

逆轉時間的情感動力

延伸來看，時空跳躍地往返於「過去」與「現在」，是許多科幻電影或穿越劇最夯的橋段。裡頭情節都有共同的要素：處於現在時空的主角對過去發生的事件充滿悔恨或遺憾，對未來也沒太多期望。不知是「精誠所致，金石為開」的信念所致，恰好都會遇到神奇的宇宙難解現象或道具讓他（她）可以回到過去（有的則可以「回到未來」，

如史蒂芬‧史匹柏的同名電影情節）。而如果真的可以回到過去，主角會希望事件不要像之前那樣發生，而一旦過去改變，整個事件的因果之鏈亦將重組，並衍生出未來可能的發展。其中記憶會重組，但不會完全失去。例如：《黑洞頻率》、《星際效應》。同時，記憶的改變是全面性的，所有牽涉到的人、事、物都會跟著連動。

從現代科學的角度來看，時間沒辦法快轉或倒轉，只能分秒不斷向前流逝。它是可測度的線性時間觀：

> 技術時代人的生活完全由時間控制著，過去、現在和未來十分清晰而確定地展現在眼前。社會發展有遠景規畫和近期目標，個人生活也有時間進程中的理想和目標；日常生活中有作息時間表、課程表、日程表；速度、迅捷、準時既是新時代的特徵，也是新時代的價值標準。時間自在的流逝，而人則在疲於奔命的生活節奏中創造了時間的威權，並使自己成為時間的奴隸。（吳國盛，2006：85）

只是，到了牛頓物理學和愛因斯坦的相對論、量子力學問世後，看待時間的方式又有所不同。史蒂芬‧霍金（Stephen Hawking）《圖解時間簡史》指出至少有「熱力學箭矢」（亂度會增加的方向）、「心理學箭矢」（我們感覺時間流逝的方向）和「宇宙學箭矢」（宇宙會擴增的方向）三種，我們的大腦記得過去而非未來，時間被視為每次只能走單向的直線軌道。他在第十章〈蟲洞與時間旅行〉裡提出這樣的

問題：

> 但是，軌道會不會有迴圈與分岔，讓往前開的火車能夠
> 回到剛剛離開的車站呢？換句話說，有可能旅行到過去或未
> 來嗎？
>
> 威爾斯（H. G. Wells）在《時光機器》（*The Time Machine*）
> 中探索了這些可能性，數不清的科幻小說家也熱衷此道。然
> 而，許多科幻點子如今都已成真，例如潛水艇與登月之旅，
> 那麼時間旅行的前景呢？（史蒂芬·霍金，2012：202）

柯萊恩指出，上述的講法仍有待驗證，就算理論說得通，在實踐
上仍有困難。從桌上掉落的茶杯，無法從碎片還原，而且沒人可重返
青春歲月。因此，並不是所有在時間發生的一切都可以逆轉。（柯萊
恩，2008：289）如果時間無法逆轉，那麼過去的事真的就永遠消失，
還是會在記憶裡凝結、盤據，與現在的生命糾結難解？普魯斯特
（Proust, M.）曾說過：「一個小時並不只是一個小時，它是一只玉瓶
金尊，裝滿芳香、聲音、各種各樣的計畫和雨雪陰晴。被我們稱作現
實的東西正是同時圍繞著我們的那些感覺和回憶間的某種關係。」（普
魯斯特，2015：215），有些歲月雖然消逝卻未曾跟我們分離，透過「追
憶似水年華」，仍可重新發現過去的種種。

然而，倘若時間是生命的材料，把所有的時間都拿來追憶好嗎？
普魯斯特有他不得已的苦衷，而追憶也只能再現，並無法真的讓他回

到過去；追憶的同時，生命也不斷流失。此外，《跳躍吧！時空少女》中真琴把希望放在「未來」，是把握當下的好方式嗎？當朋友失戀了，跟他（她）說有個未來的對象等著，這個策略能止痛嗎？我們常會現實的苦痛而寄望美好的未來，但現在都過得萬分悽慘，又如何確定將來一定會更好？柯萊恩指出「活在當下」的困難：

> 我們總是希望有多的時間能做自己喜歡做的事，然而當我們真的有了時間，心思卻飄到別處。心智總是徘徊在過去和未來，很少安住當下。我們反覆思索接下來要做什麼，或為了錯過的事而懊惱。我們的內心根本沒有參與「現在」。（柯萊恩，2008：178）

我們的專注力很難停在當下，在每個當下總是不斷分心，然後時間就這麼過了。柯萊恩建議我們要想辦法影響大腦對時間的感受（一種內在時間感），讓快樂的時間走得越慢，生命裡的回憶就會更豐富、精彩。步驟如下：1.擁有時間自主權；2.順應生理時鐘；3.保留一份悠閒的興趣；4.感受當下；5.學習專注；6.列出優先順序。同學不妨先從「感受當下」和「學習專注」開始，因為最快樂的時光，常常是我們完全專注在當下的時間（例如：放下手機專心聽講或閱讀），同時，也能讓情緒處於更愉悅、平穩的狀態。如果我們願意多給生命一些時間，時間也會讓生命找到更多出路。（柯萊恩，2008：306-317）

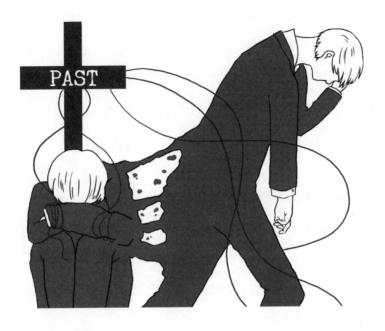

　　最後，呼應前述細田守的電影人生觀，筆者欲進一步指出：「時空跳躍」的時間觀雖然還無法由科學來證成，但從情緒哲學的角度觀之，它提供一種看待時間的視野，並觀照生命中總有無法盡如人意的現實處境。在時間之流中，緣起緣滅，悲歡離合不斷上演；不管你接不接受，最好的和最壞的事，就這樣「時時刻刻」地發生。《跳躍吧！時空少女》男女主角在同一時空中總是陰錯陽差地錯過，等到弄清楚彼此的心意後卻緣份已盡。兩人不管怎麼修補也無力留住對方，註定只能在未來相見。這其實已碰觸他們的生命極限：人世間的因果關係複雜難解，有些事不管再怎麼努力也無法改變，最多只能把遺憾降到最低！然後，學著繼續「活在當下」！畢竟，我們所能擁有的時光機只有「現在」。

四、議題討論

1、對於《跳躍吧！時空少女》中的時間跳躍設定，雖然有點科幻，不過若是科技發達到一定程度後，真的造出像小叮噹中的時光機，你會選擇過去或未來那個時間點，以及想做些什麼改變？

2、每個人的傷痛都是獨一無二的，再好的朋友能提供的協助有限。本文立場是建議用穿越劇的想像方式認真把傷痛的前因後果想清楚，如果有朋友走不出傷痛，你會建議他（她）看哪一部？

3、本章所提到的穿越劇片單，你看過哪些？其中最推薦的是哪一部？試分享一下你的觀感與推薦的理由。

4、穿越劇類型中，有些片子很有科學根據，有些則不甚合理。以韓劇《信號》為例，裡頭帶有《黑洞頻率》的影子，只是韓劇主角用的對講機年久失修，竟然還可以用，請問它是用什麼來發電的？雖然不甚合理，很多人還是覺得它好看，你覺得呢？

5、普魯斯特（Proust, M.）曾說過：「一個小時並不只是一個小時，它是一只玉瓶金尊，裝滿芳香、聲音、各種各樣的計畫和雨雪陰晴。」你如何來詮釋這句話？每節上課的時間是 50 分鐘，如果 50 分鐘不只是 50 分鐘，試就你上課的感受來說明其中多出了哪些東西？是什麼因素讓時間變長了？

五、推坑閱聽

1、金元錫／李帝勳、金惠秀、趙震雄。《信號》（Signal）。韓劇集數：16集。

2、申勇輝／崔振赫、尹賢旻、李宥英。《隧道》。韓劇集數：16集。

3、今敏／林原惠、大塚明夫。《盜夢偵探》（動畫）。片長：90分鐘。

4、細田守／仲里依紗、石田卓也。《跳躍吧！時空少女》（動畫）。片長：98分鐘。

5、細田守／上白石萌歌、黑木華、星野源。《未來的未來》（動畫）。片長：98分鐘。

6、士郎正宗／小林愛、小杉十郎太。《蘋果核戰》（動畫）。片長：101分鐘。

7、奎葛·利霍里／丹尼斯·奎德、吉姆·卡維佐。《黑洞頻率》。片長：118分鐘。

8、克里斯多福·諾蘭／馬修·麥康納、安·海瑟薇、潔西卡·崔絲坦、米高·肯恩。《星際效應》。片長：169分鐘。

9、埃里克·佈雷斯，麥基·古柏／艾希頓庫奇、艾咪史瑪特、艾登韓森、艾瑞克史托茲、威廉李史考特。《蝴蝶效應》。片長：113分鐘。

10、詹姆斯·博賓／強尼·戴普、安·海瑟薇。《魔境夢遊：時光怪客》。片長：113分鐘。

六、參考文獻

1、日經娛樂（2017）。《沒有人到過的地方：細田守的動畫世界》。
　　臺北：木馬文化。

2、史蒂芬・柯萊恩（Stephen Klein）（2008）。《生命的時間學》。
　　臺北：大塊文化。

3、史蒂芬・霍金（Stephen Hawking）（2012）。《圖解時間簡史》。
　　臺北：大塊文化。

4、吳國盛（2006）。《時間的觀念》。北京：北京大學出版社。

5、馬塞爾・普魯斯特（Marcel Proust）（2015）。《追憶似水年華：
　　重現的時光》(第七冊)。臺北：聯經出版公司。

6、筒井康隆（2009）。《穿越時空的少女》。臺北：獨步文化。

第八章

生命的荒謬與虛無感

淺談《地心引力》與《異鄉人》的漂流與定位

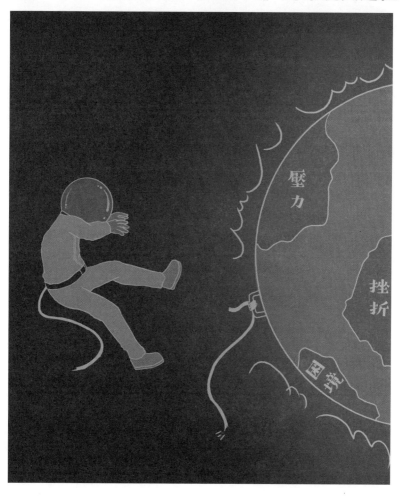

一、前言

平時行走於校園，不知同學有沒有留意：有些人雖然身體在某個空間卻看起來輕飄飄的，彷彿失去「地心引力」一樣？曾幾次坐電梯時遇到不少面無表情的同學，兩眼呆滯空洞，給人一種疏離的感覺。這跟心情不好或若有所思的情緒不太一樣，因為可以明顯感受到他們跟這世界似乎格格不入，沒有太多期待和感覺！

還好，這樣的人在校園中並不常見，比較多的是手機不離手的低頭身影。每個人都熱切地觀看他人傳來的訊息，並不分時間和場所地回應每則訊息，臉上出現各種豐富的表情。這樣的情況在課堂中亦無法避免，而對許多覺得上課無聊或無法抵抗手機世界誘惑的同學而言，習慣讓身體存在於教室，心思卻不知被手機的軟體帶到哪裡去。以前我們說「場所」指的是實體的教室與在裡頭的人，如果這些人的心都在別處，那麼「場所」的意義究竟是什麼？當一個人的心思不存在時，該如何看待這樣的存在狀態呢？如果這個場所都不是我們想待的地方，那麼老師和學生會不會都只是「異鄉人」（局外人）？

在這個數位科技發達的時代，每個人都可以在智慧手機世界找到歸屬或存在感，不再孤獨。問題是，手機世界真的可以解決我們現實世界出現的「荒謬感」或「孤獨感」？似乎沒那麼簡單，生命裡頭似乎還有些比較沉重的意義問題查 Google 是找不到答案的！主要是因為人是會追問意義的動物，一旦生命出現荒謬且找不到意義的時候，

很容易像失去地心引力般四處漂浮。本章想結合電影《地心引力》
（*Gravity*）和卡繆的《異鄉人》（*Stranger*）文本來探討定位的可能。

二、電影《地心引力》與卡繆的《異鄉人》

本片由墨西哥導演艾方索・柯朗（Alfonso Cuarón）執導，他也參與編劇、製片及剪輯等事務；由珊卓・布拉克（Sandra Annette Bullock）和喬治・克隆尼（George Timothy Clooney）主演。本片更奪得第 86 屆奧斯卡金像獎最佳導演、最佳攝影、最佳剪輯、最佳原創音樂、最佳視覺效果、最佳音效剪輯和最佳音效共計七個獎項，柯朗也因此成為首位奪得奧斯卡最佳導演獎的墨西哥導演。這位導演相當值得關注，特別是他曾拍過哈利波特系列電影的第三集《哈利波特：阿茲卡班的逃犯》，詮釋方式 J. K. 羅琳原著的方式與眾不同。

近幾年的太空科幻片愈拍愈感人，談的是星際中的迷航，最後感人落淚的地方卻是親情和人性。以克里斯多夫・諾蘭的《星際效應》（*Interstellar*）為例，講的是一組太空人通過穿越蟲洞為人類尋找新家園的冒險故事。電影中費了很多心力來交待時空穿越的地心引力及時間科學，拍攝手法及場景也有讓人置身太空宇宙的臨場感，但最吸睛的部分還是主角和小女兒情感的掛念與相繫。原本以為這類型的片到諾蘭手裡應該已經是極致了，沒想到柯朗以《地心引力》成就另一種科幻電影的可能！

《地心引力》故事場景設定在美國太空梭探索者號維修哈伯望遠鏡時所發生的意外。史東博士一行人遭到衛星損毀的殘骸擊中，所搭乘之探險者號也因此擊毀，同行的一人遭到碎片重擊死亡、搭乘在其

他太空船的人員也無一倖免。他們失去與地面控制中心的通訊，在氧氣量即將用光的情況下，與地球失去聯繫的斯通博士與男主角麥特，必須到太空中心利用逃生艙返回地球；在無重力的情況下，兩人前往太空中心的路途遠、行進速度緩慢，只能靠所剩不多的氧氣與推進器帶著自己前進。到達太空中心後，用盡了推進氣體失去控制，再次與機體產生碰撞，原本綁在一起的兩人繩索意外切斷，為了不讓史東被自己的重力帶走，麥特將自己的繩索解開，任自己在廣闊無邊的宇宙裡飄盪，並指引史東進入逃生艙。

成功進入逃生艙後史東透過耳機不斷對麥特喊話，回應的卻只有一片寂靜和與她對看的地球，這時逃生艙的主機體發生了火災，原以為能成功利用船艙脫離險境，逃生傘卻在最後一刻機體纏在一起，史東不得不再次穿上太空裝進行修理，與此同時又遇上衛星殘骸的撞擊；成功存活後，史東使用無線電，與地球上一個不懂英文的陌生人聯繫上並聽到熟悉的狗吠聲，在那段時間她知道死亡正在逼近自己，她害怕沒人替她哀悼、掉淚，最後缺氧看見麥特的幻覺，才讓她又重新想讓自己繼續活下去；而幾番波折後，她也終於成功回到地球。

這樣的故事跟《異鄉人》有什麼關係？人到太空後離開地球這個故鄉，跟我們離開家去玩或求學、工作雖然在時間距離的差別上很大，就心情上卻類似。想像一下：當你手機不見或沒電而無法跟他人連絡時，是否曾浮現被這世界「遺棄」或「拋擲」的感覺？還有一種情況是，就像是我們處於熟悉的環境中，卻發現自己像局外人一樣無法融

入？史東博士在地球的牽絆不多，雖然她熟悉並習慣太空的無重力狀態，但內心深處她還是渴望與人有所連結，不讓自己變成「異鄉人」。

依筆者解讀，柯朗的詮釋手法存在主義色彩濃厚。一來，原先劇本設定為兩個人身處荒漠險境求生的故事，編劇保留了原劇中兩位主角和一段艱難旅程的設定，卻把背景從沙漠改成了宇宙，成為《地心引力》最初的故事雛形。二來，他另一部作品《你他媽的也是》（*And your mother too*）公路電影，談的是兩個青少年與一位熟女同行的成長過程，深刻描繪欲望、存在與死亡。筆者的詮釋當然相當跳躍，至於同學認不認同，有待再閱讀完卡繆原著後再來判斷。

《異鄉人》（*Stranger*），為卡繆 1957 年諾貝爾文學獎得獎作品，也是一般談到存在主義時最常提到的代表作。此書分兩部分，以主角莫梭（Meursault）為第一人稱的敘事進行。第一部分從主人翁收到養老院母親去逝的通知開始，他參加葬禮過程中並沒有流露出傷心難過的表現，反而帶女友回家同歡。之後被捲入朋友的麻煩事，並於炎炎夏日的海灘上槍殺了一個阿拉伯人。第二部分描述審判過程和死刑判決與執行。作者用了很多篇幅凌亂、片段地交代莫梭過往生活中的荒謬事件。最後在面對審判時，主角莫梭表現得疏離且冷漠，當被問到殺人動機時，他則回答：「都是太陽惹的禍」，並期待著在人們的咒罵聲中面對行刑。

三、我反抗，故我存在：「荒謬」與「生命意義」的辯證

看完前一節《異鄉人》簡介，會不會覺得故事有點單調？由於篇幅不多且名氣很大，有些同學在看完後對於平淡略嫌壓抑的文字調性有點不適應，並納悶地問道：作為一部得諾貝爾獎的作品，到底厲害在哪？由於本文無法全面地探討卡繆，只能就跟《地心引力》有關的情節來延伸解讀如下：

首先，莫梭的無感狀態，讓他像個漂浮的人。用白話點來說，就是沒什麼個性，濫好人一個。他好像什麼都可以，什麼都無所謂，日子一天一天過，不管是母親死了或是跟女友約會，甚至結交其他朋友，我們幾乎看不出的他生活重心是什麼，他說道：「我心想星期天總算過了，現在媽媽已經下葬，我也要重回工作崗位。結論是，我的生活就跟從前一樣，什麼都沒改變。」（卡繆，2018：34）同學若留意文字敘述的話，莫梭的生活幾乎跟著「感覺」和「欲望」走，缺乏一種「反思」（reflection）和「判斷」（judgement）。這有點像平常我們「耍廢」的狀態，當我們意識到再廢下去根本不是辦法時，才有改變的可能。這樣的情況在他殺了阿拉伯人後出現轉折，文本描述如下：

……一樣的烈日，一樣的光線，照在延伸到這裡的同一片沙灘上。海天交界處，一艘小汽船經過，我是從眼角看到的小黑點猜測的，因為我得一直盯著阿拉伯人。我想過只要轉身往回走，事情就會畫上句點，可是身後熱氣沸騰的海灘

讓我舉步維艱。我朝水流的方向移動了幾步。阿拉伯人沒有動作。他離我還是很遠，也許是臉上陰影的緣故，他看起來好像在笑。我駐足等待。猛烈的陽光攻占我的雙頰，汗珠在我的眼眉凝聚。這跟媽媽葬禮那天是同樣的太陽，就像那天，我的額頭難受得緊，血管群起急速跳動，就像要爆烈開來。由於無法再忍受這股躁熱，我往前邁出一步。我知道這很愚蠢，走一步路不可能擺脫無所不在的陽光，但我還是跨了出去。這一次，阿拉伯人馬上亮出刀子。太陽光濺在刀片上，反射出細長的光刃，抵住我的前額。於此同時，集結在我眉毛上的汗珠終於跌下，變成溫熱鹹濕的水簾覆蓋在眼皮上。一時間我什麼都看不見，只有太陽依然在我的額頭上敲鑼打鼓；矇矓中，隱約可見閃亮的刀刃還在我面前晃蕩，啃蝕我的睫毛，鑽進我疼痛的雙眼。從這時起，世界變了調。自大海湧來厚重熾熱的灼風，整片天空從中綻開，降下火雨。我全身僵硬，握槍的手猛地一縮緊，扣了板機，手指碰到了光滑的槍柄。在這聲乾澀、震耳欲聾的槍響中，一切急轉直下。我搖頭甩開汗水與揮之不去的烈焰，發覺自己毀掉了這一天的完美，毀掉了沙灘上的平靜安詳和我曾經在此擁有的快樂。於是，我又朝那躺在地上毫無動靜的軀體連續開了四槍，子彈深陷入體，不見蹤跡。這四槍彷彿短促的叩門聲，讓我親手敲開了通往厄運的大門。(卡繆，2018：72-73，底線為筆者強調所加)

這段文字之前，卡繆花了不少篇幅交待莫梭跟阿拉伯人的過節，莫梭並無殺人的暴力傾向，一開始只是幫朋友強出頭。從文本看來，莫梭的「感覺」在太陽光的催化下變成他無法掌控的情緒，而向已經死的阿拉伯人「故意」開四槍，讓他原本可能是正當防衛的理由不成立了。在此，故事轉到第二部分，莫梭的自我開始轉變。

厄運未造訪前，我們很容易把現有的一切視為理所當然。《地心引力》的史東博士在未受到衛星殘骸攻擊時，原本以為毫無牽掛的她可以坦然面對，她跟同行麥特說地球中並沒有人仰望期待她回家；但在僥倖存活下來後，為了能回到地球，必須放棄因喪女之痛而自我放逐的虛無感。影片中可以看到她費盡心抓住能讓自己不漂走的任何東西，因為只要一鬆手就死路一條。如果生活沒碰到一些重大事件，不容找到可以專注的目標，日子極可能過得輕飄飄的！莫梭和史東當然是完全不同的兩人，不過因為重大事件不得不去審視自己的「漂浮狀態」！

其次，有不少的詮釋觀點指出，莫梭這樣的行為是完全忠於自己的靈魂，一種不願屈服於外在的法律和道德規範之表現。（楊照，2014）不過筆者想指出的是：故事的第二部分莫梭開始變得比較會想，並開始思考「荒謬」的課題。我們且看他被判刑後的獨白文句：

一到白天，我轉而思考上訴的問題，並從中獲益良多。我盤算各種可能，且在深思熟慮中獲得最大的慰藉。我總是假設最壞的結果：上訴遭到駁回。「所以，我必死無疑。」但很顯然地，只是比其他早一些。所有人都知道，人生並不值得走那麼一遭。實際上，一個人是死於三十歲或七十歲並不十分重要，因為無論如何，自然有其他男男女女會繼續活下去，而且活上千千萬萬年。總之，這一點顯而易見；不管是現在還是二十年內，死的橫豎是同一個我。我唯一不太能灑脫以對的是，一想到那可多活的二十年，強烈的欲望便在我心中翻騰。不過我只消想像這二十年中，當我還是得回來面對這一關時會作何感想，這股渴望便會被澆熄。可以確定的是，當人生走到盡頭，死亡的時間和死法已不重要。（卡繆，2018：133）

　　如果是第一部分的莫梭，應該對於法官怎麼判也無動於衷吧！第二部分有許多回想第一部分的行為，例如對母親死亡的無感、渴望再見到女友。如果不是因為他在母親葬禮未曾落淚的緣故，莫梭應該不致被判死罪；而他也不打算假裝來自欺，最後勇於面對此荒謬的結果。莫梭渴望忠於自己 （沒有感覺就是沒有感覺，至於為何會這樣，可能跟他在成長環境的家庭關係疏離有關），現實社會譴責他的不孝，一般人可能假裝一下就好，但他想反抗這樣法律道德！小說最後一句埋了這樣的伏筆：「為了替一切畫上完美的句點，也為了教我不覺得

那麼孤單，我只企盼行刑那天能聚集許多觀眾，以充滿憎恨和厭惡的叫囂來送我最後一程。」（卡繆，2018：143）

　　同學生活中有遇過什麼荒謬的事嗎？底下這幾件事算是荒謬的嗎？例如：1、好心幫同學，卻被視為理所當然；2、不停滑手機，就是不想面對該做的正事；3、好好先生犯了小錯，被大家唾棄甚至排擠；相較於平常喜歡惡作劇的同學因為第一次幫同學訂飲料，反而變成人人喜愛的人氣王。4、分組討論時，組員完全未參與卻拿高分。5、教室原本是學習的場域，卻發現大家都低頭滑手機，老師對著空氣上課。

　　一般來說，現實生活中發生的事，跟我們的要求或渴望之間的差距大到令人難以接受，這種處境就是「荒謬」。對此，有幾種因應之道：試圖改變現實使之比較符合要求；修正或調整自己的渴望來貼近現實；若無法做什麼改變，選擇完全脫離那種處境。（內格爾，2014：13）卡繆在《鼠疫》、《薛西弗斯神話》及《反抗者》等書皆強調「荒謬」是人存在的真相，就像薛西弗斯被諸神處罰，將石頭推到山頂後又滾下重推，日復一日做些無意義的事。然而，荒謬並不等於虛無，對於曾對生命意義感到困惑的人，會開始思索自己在世界中的「位置」在哪，並形成有定位功能的價值判斷：

　　　　荒謬的內涵本來就矛盾，它排除所有價值判斷，卻又要維持生命，然而活著本身就是一種價值判斷。呼吸，就是判斷。說生命是不斷的抉擇，絕對是錯的；但是一個沒有任何

選擇的生命，也是無法想像。（卡繆，2017：26）

托馬斯・內格爾在《人的問題》〈論荒謬〉一文中點出人在被投入世界後的「進退兩難」：

> 卡繆在《薛西弗斯神話》中強調，荒謬之所以產生，是因為世界未能滿足我們對意義的要求。這就使人以為，如果世界不像現在這樣，它就可能滿足那些要求。但現在我們可以明白，情況並非如此。看來，對於任何一個可想像的（包括我們在內的）世界，都會產生無法解決的疑問。因此，我們的處境的荒謬性並非產生於我們的期望與世界之間的衝突，而是產生於我們自己內心的衝突。（內格爾，2014：17-18）

引文指出荒謬產生的雙重性：不管我們往「外在世界」這個更大脈絡或往「內心」這個最小脈絡來找意義，最終都會出現「事與願違」的結果或意義喪失的情況。這種情況有可能是世界改變了，也可能是自己找不到定位。例如：你很認真地維繫友情和愛情，那是你大學生活中最有意義的事，但當你確立追求目標後，意義的輕重又會不同。不少同學覺得上課沒意義，或許老師真的不知道在教什麼，但也可能是同學根本就不想學習。

既然往外在世界或往內心都會出現無意義的虛無狀態，是不是我

們就該放棄尋找意義？因為反正不管怎麼拚都是無意義的！認真上課和整節滑手機，從「一百年後我們都會死」或「畢業後大家其實都差不多」的結果脈絡來看也許是這樣。然而，除非你能一直忍受這樣的無重力漂浮，那別人也無話可說；若是覺得怪怪的，那麼卡繆「我反抗，所以我存在」的建議相當值得參考！

> 何謂反抗者？一個說「不」的人。但是他雖然拒絕，並不放棄：因為從他第一個行動開始，一直是個說「是」的人，就像一個奴隸一生接受命令，突然認定某個新的命令無法接受。這個「不」的意義是什麼呢？
>
> 它表達的可能是「這種情況持續太久了」、「到目前為止還可以接受，再超過就不行了」、「您太過分了」，以及「有一個界限是不能超過的」。總之，這個「不」字證實了有個界限存在。反抗者的精神中，我們也看見這個界限的概念，對方「太超過了」，權力擴張超越了這個界限，必須有另一個人出來使其正視、加以規範。反抗行動建立在一個斷然拒絕上，拒絕一種被認定無法忍受的過分，同時也建立在一個信念上，相信自己擁有某種模糊的正當權利。（卡繆，2017：32）

因此，我們不僅要向世界說不，也要向自己說不，在反抗日常生活的「慣性作用」中，動態辯證地尋找前進的方向與動力。跟自己說「不」是件很難的事，但不這樣脫離不了虛無的黑洞。《地心引力》

史東不斷地以故事來提醒自己：如果死了，就什麼都沒有；如果活下來，就有很多故事可說。或許，從宇宙的角度來看，她死在外太空跟回到地球都無足輕重；就她個人內在而言，找到繼續說自己人生故事的力量，並以「熱情」（passion）接續自我放逐的人生。《異鄉人》莫梭不想活在由他人定義本質的世界，並誠實地面對自己的情緒和行為；某個角度來說，他從此告別了虛無，由自己來定義「我是誰」！（Solomon, 2006: 32）

索羅門稱存在主義是種「責無旁貸」（no excuses）的哲學詮釋，相當到位且簡單明瞭。他說道：

> 不像許多晦澀和學術的哲學運動，存在主義的主旨盡可能地簡單。它與我們作為個體的責任承擔（responsible）有關——為我們所作所為負責、為我們是誰負責、為我們面對和處理世界的方式負責；究極說來，為世界是什麼的方式負責。簡言之，它是一種「責無旁貸」的哲學。生活或許是艱難的；環境或許是難應付的。可能會有許多障礙，尤其是我們自身的人格、個性、情緒和有限的能力和智力。儘管如此，我們仍沒有理由推卸。（Solomon, 2000: 1）

試想一下，現在的大學生活是由你定義的嗎？要由自己來界定，並沒有想像中容易，它真的需要氣魄！這種氣魄養成不易，需要「不找藉口」的決心和行動。如果同學現在還是處一種漂浮的無重心狀態，

不妨試著從「反抗」自己開始吧！反抗自己的一堆藉口，反抗自己的缺乏實踐力！若是你不知從何開始，不妨從「無法自制地滑手機」開始吧。你的本質不是由手機所界定，而該由你來界定使用手機的時機與頻率！

四、議題討論

1、對於《異鄉人》主角莫梭對親人和外在事物完全無感的狀態，你怎麼來理解？不知同學有沒有過類似的經驗，上課對於學習無感，和朋友交往也覺得不起勁，如果可以的話只想一個人耍廢不想面對他人和世界。這樣的狀態，究竟是情緒憂鬱還是一種存在的虛無化，一種覺得被世界遺棄並在自己內心小宇宙中迷航的漂浮感？如果有話，請試著描述這是一種什麼樣的感覺？

2、根據卡繆的說法，他將自己的文學作品分為三個階段，分別是從「荒謬」到「反抗」，第一階段為《異鄉人》、《薛西弗斯神話》、《卡里古拉》、《誤會：卡繆的三幕劇》；第二階段有《鼠疫》、《反抗者》，至於第三階段則以「愛」（親情、愛情、友情、博愛、希望和認同），代表作為個人傳記《第一人》。本專題僅介紹了第一階段的《異鄉人》，請同學查詢網路相關介紹或任找一本原著來分享你的讀書心得。

3、卡夫卡《變形記》中戈勒高爾代表另一種存在的類型：對外在世界的恐懼撤退狀態。他從睡夢中醒來，發現自己真的可以不用去上班了，因為他變成了一隻大甲蟲！戈勒高爾是家裡的經濟支柱，在變成蟲之前每天早起努力工作。變成蟲之

後的他，再也無法工作，除了被公司經理刁難還不被家人接受已成為蟲的模樣的他，導致戈勒高爾再也無法與家人相處，最後選擇死亡。這當然是想像的情節，同學有想過如果不喜歡現在的你，你會想變成什麼？有的同學明明喜歡設計卻得念商科，有的不喜歡念書且被逼得得念研究所。卡夫卡的主角結局很悲劇，你覺得他還有沒有其他的出路？

4、本章中臚列許多存在主義相關文學或電影作品，如果要你找一本來閱讀並分享讀書心得，你會想選哪一本？若裡頭都沒有你感興趣的，請以你最近看過相關的書籍或電影來分享？

五、推坑閱聽

1、山繆・貝克特（2008）。《等待果陀、終局》。臺北：聯經出版公司。

2、卡繆（2012）。《鼠疫》。臺北：麥田。

3、卡繆（2017）。《薛西弗斯神話》。臺北：大塊文化。

4、村上春樹（2003）。《海邊的卡夫卡》。臺北：時報出版公司。

5、沙特（1997）。《嘔吐》。臺北：志文。

6、克里斯・斯萬頓／穆琳・利普曼、艾丹・麥克阿德爾。《卡夫卡變形記》。片長：102 分鐘。

7、艾方索・柯朗／狄亞哥・盧納、蓋爾・賈西亞・貝納、瑪莉貝爾・維杜。《你他媽的也是》。片長：106 分鐘。

8、文・溫德斯／娜妲莎・金斯基、奧蘿爾・克來蒙。《巴黎・德州》。片長：150 分鐘。

9、哈羅德・雷米斯／比爾・莫瑞、安迪・麥杜維。《今天暫時停止》。片長：101 分鐘。

10、莫娜・阿夏雪／喬絲安・巴拉思科、伊川東吾、安妮・波諾什、阿麗亞娜・阿斯卡里德。《刺蝟的優雅》。片長：100 分鐘。

六、參考文獻

1、卡繆（1994）。《卡里古拉》。臺北：桂冠。

2、卡繆（1997）。《第一人》。臺北：皇冠文化。

3、卡繆（2017）。《反抗者》。臺北：大塊文化。

4、卡繆（2018）。《異鄉人》。臺北：麥田。

5、卡繆（2019）。《誤會：卡繆的三幕劇》。臺北：允晨文化。

6、托馬斯・內格爾（2014）。《人的問題》上海：上海譯文出版社。

7、楊照（2014）。《忠於自己靈魂的人：卡繆與《異鄉人》》。臺北：麥田。

8、Robert C. Solomon (2000), *No Excuses: Existentialism and the Meaning of Life.* U.S: The Teaching Company.

9、Robert C. Solomon (2006), *Dark Feelings, Grim Thoughts: Experience and Reflection in Camus and Sartre.* New York: Oxford University Press.